VOYAGE HUMORISTIQUE

POLITIQUE & PHILOSOPHIQUE

AU

MONT PILAT

PAR

Le Docteur FRANCUS

PREMIÈRE ÉDITION

LYON

IMPRIMERIE DU SALUT PUBLIC

33, RUE DE LA RÉPUBLIQUE, 33

A PRIVAS	A LYON
Imprimerie Centrale	BRUN, Libraire, 13, r. du Plat.

A SAINT-ÉTIENNE

CHEVALIER, Libraire, 4, rue Gérentet

—

1890

VOYAGE HUMORISTIQUE

POLITIQUE ET PHILOSOPHIQUE

AU MONT PILAT

I.

DE PARIS A SAINT-ÉTIENNE-EN-FOREZ.

Comment en entre en Vivarais par les fenêtres. — Un Anglais et sa fille. — Les écrivains du mont Pilat. — Affamés de soleil et d'air pur. — Les opinions politiques et religieuses d'un commis-voyageur.

Il y a plusieurs manières d'entrer en Vivarais : par les portes, par les fenêtres et par le toit. Les portes sont à l'issue des vallées ou des voies de communication qui conduisent dans l'intérieur de la partie montagneuse : au Bourg-Saint-Andéol, Viviers, le Teil, le Pouzin, Beauchastel, Tournon, Andance. On pénètre par le toit, quand on vient par les hauteurs, du côté de l'Auvergne. Enfin on monte par la fenêtre, quand l'entrée se

VOYAGE HUMORISTIQUE

POLITIQUE & PHILOSOPHIQUE

AU

MONT PILAT

PAR

Le Docteur FRANCUS

PREMIÈRE ÉDITION

LYON

IMPRIMERIE DU SALUT PUBLIC
33, RUE DE LA RÉPUBLIQUE, 33

A PRIVAS | A LYON
Imprimerie Centrale | BRUN, Libraire, 13, r. de Plat.

A SAINT-ÉTIENNE
CHEVALIER, Libraire, 4, rue Gérentet

1890

VOYAGE HUMORISTIQUE

POLITIQUE ET PHILOSOPHIQUE

AU MONT PILAT

fait du côté de Saint-Etienne, par la route du mont Pilat. Et c'est cette voie que nous prîmes un beau jour d'été, par la simple raison qu'elle était nouvelle pour nous, et qu'une excursion à Saint-Etienne et au mont Pilat nous paraissait la préface naturelle d'un voyage dans le haut Vivarais, depuis longtemps projeté.

La traversée du beau massif montagneux, qui sépare le Vivarais du Forez et du Lyonnais, ne devait être qu'un épisode de nos promenades dans la contrée, un simple chapitre du livre dont nous caressions l'idée : on va voir par quelle série d'incidents nous fûmes attardé en route, si bien que l'accessoire devint le principal, et qu'à force de courir les alentours du Cret de la Perdrix, herborisant, regardant, songeant, dissertant de tout *et de quibusdam aliis*, raisonnant et peut-être déraisonnant avec d'aimables compagnons de voyage, il se trouva que le Forez et Pilat avaient absorbé notre attention, notre temps et rempli notre bloc-notes.

Adieu paniers, vendanges sont faites ! En attendant de cueillir, une autre année, les délicieux raisins du Vivarais, arrêtons-nous aux airelles du mont Pilat; leur saveur un peu âpre sera singulièrement relevée par les parfums des prairies, les senteurs des forêts, l'air libre et la solitude. Ce ne sera pas notre faute, ami lecteur, si tu ne sors pas, comme nous, retrempé au physique et au moral, de cette excursion sur les hauteurs.

Nous étions descendu de Paris par la ligne du Bourbonnais, et la Providence, s'il est permis, en ce temps de progrès, d'employer cette expression vieillotte, nous avait donné, dès Paris, une compagnie intéressante. Un Anglais et sa fille étaient seuls avec nous dans le compartiment.

L'Anglais était un petit vieillard, à l'air vif et très alerte, dont les regards scrutateurs semblaient fouiller dans la conscience de tous ceux qu'il dévisageait; d'ailleurs peu parleur et plus disposé à écouter qu'à se faire entendre. Sa fille pouvait avoir vingt-cinq ans : c'était une grande blonde, aux yeux de pervenche, maigre et d'aspect maladif, la figure curieuse et la bouche spirituelle, même quand elle ne disait rien. Avec cela, d'adorables petites mains, dont une sans cesse occupée à crayonner dans un album, comme si elle voulait y consigner l'histoire détaillée de son voyage et toutes les physionomies entrevues en route.

Le vieillard parlait fort bien le français, comme un homme qui a vécu longtemps sur le continent, et sa fille ne le parlait pas moins bien, quoiqu'avec un très léger accent qui, sur ses lèvres, avait quelque chose de gracieux.

Ceux qui nient le coup de foudre de l'amour feront bien de ne pas étendre leur négation à la simple sympathie, car les deux insulaires me firent, à première vue, la plus favorable impression. Il est probable qu'il y eut réciprocité, puisque, très-promptement et le plus naturellement du monde, j'ai oublié comment, nous nous trouvâmes engagés ensemble dans une conversation des plus courtoises. Peut-être les quelques mots d'anglais que j'avais appris au collège ne furent-ils pas étrangers à ce résultat. J'appris ainsi que l'Anglais voyageait à travers le monde pour sa distraction et pour sa santé, sans but et sans itinéraire bien définis; qu'il se rendait, comme moi, à Saint-Etienne, où il voulait visiter quelques usines, et que, de là, il gagnerait probablement la Suisse.

Confidence pour confidence : je lui fis part de mon plan d'excursion en Vivarais, et il est certain qu'il y prit intérêt, car il dit à sa fille :

— Diana, si nous ajournions la Suisse pour visiter le Vivarais !

— Comme il vous plaira, mon père !

En attendant, nous causâmes de Saint-Etienne et du mont Pilat. En vue de cette excursion, j'emportais dans ma valise quelques livres que j'avais, d'ailleurs, lus attentivement avant mon départ, notamment la *Description du mont Pilat*, de Jean du Choul ; le *Voyage au mont Pilat*, de Claret de la

Tourette; celui de Seytre de la Charbouze, et enfin les *Souvenirs du mont Pilat*, d'Etienne Mulsant.

L'Anglais et sa fille, ayant paru s'intéresser à ce que je leur disais sur ce sujet, et la jeune miss ayant pris un plaisir visible à considérer les gravures de l'ouvrage de Mulsant, je me crus obligé de leur présenter ces quatre écrivains comme de vrais compagnons de voyage et, en quelque sorte, des amis absents.

Le plus vieux de tous, Jean du Choul, publia son opuscule, écrit en latin, à Lyon en 1555 (1). Si le style c'est l'homme, ce devait être un brave homme, car il écrit simplement et d'un ton bonnète et consciencieux : il dit ce qu'il a vu ou entendu, sans être plus crédule qu'il ne faut pour son temps. Tout en cherchant à pénétrer les mystères de la nature, il s'arrête, respectueux, devant les faits inexplicables, en se disant que, puisqu'ils viennent de la divine Providence, il n'y a pas lieu de se tourmenter ou d'en rechercher la cause.

Du Choul a publié un dialogue de la fourmi, de la mouche, de l'araignée et du papillon, où nous supposons qu'il y a beaucoup à apprendre, sinon

---

(1) *De varia quercus historia; accessit Pylati montis descriptio.* — Lyon 1555, petit in-8°.

pour les fourmis, au moins pour les mouches, les araignées et les papillons de l'espèce humaine. L'opuscule de du Choul sur le Pilat, avec la traduction en regard, a été réimprimé en 1869, à Lyon, chez Scheuring.

Claret de la Tourette est un naturaliste lyonnais qui vécut de 1729 à 1793, grand voyageur, ardent collectionneur et botaniste de mérite. Son *Voyage au mont Pilat*, imprimé à Avignon en 1770, est surtout consacré à la flore de cette montagne. Nous aurons l'occasion de parler plus loin de ses relations avec Jean-Jacques Rousseau.

Seytre de la Charbouze, du village de Doizieu dans le Pilat, fut aussi un grand voyageur, et c'est seulement après vingt-cinq ou trente ans de pérégrinations en Egypte, en Syrie, aux Indes et en Océanie, qu'il se donna le plaisir de revoir le berceau de son enfance et d'y écrire les sentiments de joie exquise qu'inspire à tous les cœurs bien nés le retour au pays natal.

Son livre, plein de souvenirs personnels, n'en est pas moins agréable à lire pour cela, et la sincérité de l'auteur, autant que sa profonde connaissance du sujet traité, fait vite oublier quelques naïvetés (1).

---

(1) La deuxième édition du *Voyage au mont Pilat* de M. Seytre de la Charbouze a paru à Saint-Etienne en 1874.

Mais le travail le plus complet sur le mont Pilat est, sans contredit, celui d'Etienne Mulsant (1). Ce respectable savant, né à Mornant (Rhône) en 1797, est mort en 1880. En 1828, il était juge de paix à Thizy, mais il donna sa démission en 1830, et, depuis ce temps-là, ne s'occupa que de sciences naturelles, surtout d'entomologie, tout en remplissant scrupuleusement ses fonctions de bibliothécaire de la ville de Lyon, qu'il a conservées jusqu'à sa mort.

Mulsant pourrait être appelé le père des coléoptères, car il a consacré à cette classe d'insectes une trentaine de volumes, et il a découvert et décrit bon nombre d'espèces nouvelles. Mulsant est un des premiers, en France, qui ait cherché à vulgariser l'entomologie. Il s'attacha surtout à rendre cette science accessible aux dames.

Les *Souvenirs du mont Pilat*, semés de petits madrigaux, sont écrits dans un style trop fleuri et dans un esprit un peu vieilli, mais n'en sont pas moins une œuvre fort sérieuse et d'une science remarquable.

---

(1) *Souvenirs du mont Pilat et de ses environs*, 2 vol. in-8°, Lyon, imprimerie Pitrat, 1870.

Mulsant a encore fait une histoire des oiseaux-mouches et des punaises de France. Son histoire des coléoptères est dignement continuée par Claudius Rey.

Ce savant était aussi le meilleur des hommes, et les éloges que contient la notice sur sa vie et ses œuvres, lue à l'Académie de Lyon le 20 décembre 1881, par M. Arnould Locart, sont parfaitement mérités.

Il me semblait, en parlant des montagnes, respirer leur air vif et pur, sentir la fraîcheur des forêts et entendre couler les ruisseaux limpides. Ce sont des plaisirs qu'on ne ressent bien qu'après avoir été enfermé pendant onze mois de l'année dans les fumées, les odeurs et les boues d'une grande ville. L'Anglais et sa fille ne dissimulaient pas un sentiment analogue : les brouillards britanniques leur faisaient apprécier le soleil de France, et cette communauté de vues et de désirs vint ajouter un fil de plus aux liens invisibles, qu'une longue conversation avait déjà établis entre nous.

D'autres compagnons de voyage vinrent, un peu plus tard, s'interposer fâcheusement entre nous, la plupart fort ordinaires d'esprit et d'allures ; mais il en est un dont il faut, dès à présent, esquisser la silhouette à cause du rôle qu'il remplira dans la suite de ce récit. C'était un grand et fort gaillard de trente-cinq à quarante ans, qui, certainement, ne manquait pas d'intelligence et possédait même une certaine instruction, mais que déparaient une suffisance et une volubilité de langue rares. Il était mis correctement, sinon avec un goût parfait, vu sa grosse chaîne de montre et ses breloques ; ses manières n'avaient, d'ailleurs, rien de choquant, quoique assez communes. Notre homme eut bientôt pris le dé de la conversation et eut le talent de lui donner un tour d'animation gaie, bien qu'elle roulât sur la politique.

Nous apprîmes ainsi qu'il était un chaleureux admirateur du grand homme du moment, Léon Gambetta. Il s'extasiait sur son patriotisme de 1870 et soutenait que lui seul avait alors sauvé l'honneur de la France. Un peu plus loin, il raconta, avec une modestie comique, qu'il était, lui, Chabourdin, représentant de la célèbre maison de vins Balanchard, de Bordeaux, avec succursales à Troyes, Mâcon, Tain, Madrid et Syracuse, un de ceux qui avaient organisé la grande réunion des commis-voyageurs qu'avait présidée l'illustre homme d'Etat. Et il fit ressortir la perspicacité dont celui-ci avait fait preuve, en patronnant, sans hésiter, une corporation dont l'activité pouvait rendre tant de services à la République et à lui-même.

Cette révélation éblouit un de nos compagnons de route qui, dès lors, manifesta les plus grands égards pour un si éminent personnage.

Chabourdin semblait s'enivrer de ses propres paroles, et l'auditoire, plutôt indifférent qu'hostile, put assister, avant Saint-Germain-les-Fossés, à un exposé complet des théories opportunistes.

Un vieillard, qu'on pouvait supposer un bourgeois campagnard, hasarda toutefois cette réflexion.

— Ne trouvez-vous pas, M. Chabourdin, que M. Gambetta a été quelque peu imprudent quand il a dit : « Le cléricalisme, c'est l'ennemi ? » En admettant que le clergé ait des torts, était-il sage de déchaîner contre lui les haines populaires, surtout avec des cervelles aussi impressionnables que celles du peuple français ?

— Monsieur, dit Chabourdin, avec une bonhomie affectée et du ton d'un homme initié à tous les secrets du gouvernement, vos scrupules partent d'un cœur trop honnête pour que je ne vous réponde pas avec une entière franchise. On reproche à l'illustre patron des commis-voyageurs d'avoir pris le clergé comme une tête de Turc ou un simple dérivatif. Eh bien ! où serait le mal, et cela même ne prouve-t-il pas sa profonde connaissance des hommes et des choses ? Il n'a pas, que je sache, fait couper la tête d'aucun moine, et si on taquine un peu les curés et les religieuses, n'est-ce pas ajouter à leurs mérites pour le paradis ? Où trouver ailleurs un plus sûr moyen de produire l'effet voulu, c'est-à-dire la concentration du sentiment populaire au profit de la cause républicaine ? Car, on peut bien le dire entre nous, c'est-à-dire entre gens intelligents, la masse est quelque peu bête ; elle est plus capable de détester quelqu'un ou quelque chose, que d'aimer quoi que ce soit ; elle est toujours disposée à troubler le gouvernement et le pays en se lançant à la poursuite de chimères plus ou moins bizarres, si on ne trouve pas au mal un bon révulsif. Elle a donc besoin d'être dirigée, et Léon montre de plus en plus que son génie est à la hauteur de la tâche que les crimes et l'impéritie de l'empire lui ont imposée.

De Saint-Germain-des-Fossés à Saint-Etienne, les voyageurs restés dans le compartiment et ceux qui remplacèrent les partants, furent mis au courant des autres articles du *Credo* politique de notre loquace compagnon. Il prôna l'instruction laïque comme la base de notre régénération, attendu, dit-il, que ce sont les maîtres d'école allemands et non pas les soldats allemands qui ont vaincu la France. Il déclara que l'ère des susperstitions avait fait son temps et que celui de la science pure avait commencé. Il traita fort durement Napoléon et son parti. Il célébra l'avénement des nouvelles couches sociales, qui ont bien le droit de gouverner à leur tour, et qui ont déjà fait preuve d'une capacité incontestable. Bref, il résuma, mais avec plus de naïveté et avec une rondeur communicative, le programme de la politique républicaine d'alors, et grâce à l'absence de sérieux qui ressortait de son langage et de toute sa personne, grâce à son air bon enfant ou bon diable, au choix, grâce au sans façon et à l'aplomb avec lesquels il mêlait la politique et le commerce, ajoutant adroitement des offres de service à ses plus belles tirades patriotiques, ce qui prouvait, en somme, qu'il n'était pas si sot qu'il en avait l'air, il amusa son public plus qu'il ne l'ennuya.

L'Anglais avait écouté, sans mot dire, en souriant quelquefois, mais en homme bien élevé qui entend discourir de questions placées tout à fait en dehors de son domaine. Sa fille n'avait pas su dissimuler quelquefois un peu d'étonnement.

J'avais pris, pour ma part, il faut l'avouer, un véritable intérêt à entendre M. Chabourdin, ayant reconnu tout de suite, dans cet excellent garçon, un des types les plus parfaits de la bêtise courante en religion et en politique.

Désireux de faire poser le plus longtemps possible, devant moi, le précieux modèle qui me tombait sous la main, j'avais été un de ses auditeurs les plus attentifs, presque bienveillant, tout en lui laissant voir, cependant, que j'étais loin de partager entièrement ses manières de voir. Et voilà comment il se fait qu'en débarquant à Saint-Etienne, nous étions devenus les meilleurs amis du monde.

II

DANS LE BROUILLARD

Une excursion matinale à la porte d'un cimetière. — Où Chabourdin prétend que le bon Dieu a été inventé par les prêtres. — Une évocation suivie d'effet. — Petite digression sur le progrès. — Un point d'interrogation.

Il était à peine jour quand le train entra en gare de Saint-Etienne et il faisait, ce matin-là, un brouillard qui prolongeait bel et bien la nuit.

— Est-ce que vous connaissez Saint-Etienne ? me dit Chabourdin.

— Fort peu, répondis-je, et je serais enchanté si vous vouliez bien être mon cicérone. Avec un homme d'esprit comme vous, j'en apprendrai certainement plus en quelques heures qu'avec tout autre en deux ans.

Chabourdin fut enchanté du compliment. J'aurais regretté qu'il fût pris au sérieux par l'Anglais et sa compagne, mais je fus rassuré à la couleur ironique de leurs regards et, merveilleux effet de sympathie, il s'établit subitement entre nous une sorte de complicité tacite dont l'étude de notre personnage était l'objet et devait faire les frais.

Les employés du chemin de fer avaient déjà chargé notre bagage sur une voiture.

— A l'hôtel des Arts, rue Saint-Louis ! dis-je au conducteur, après m'être concerté avec Chabourdin.

— A l'hôtel des Arts ! dit aussi l'Anglais, en prenant une autre voiture avec sa fille.

Tout à coup Chabourdin m'arrêta et dit :

— Puisque vous ne connaissez pas Saint-Etienne, et puisque, grâce au brouillard, il fait encore nuit, je veux vous faire jouir d'un spectacle rare. Laissons la voiture porter nos bagages à l'hôtel et venez avec moi.

— Volontiers.

Une large avenue conduit de la gare à la ville à travers une sorte de col dont le portier de droite est un petit monticule, appelé, je crois, le Cret-du-Roc, qui porte un cimetière sur son dos.

Chabourdin me fit tourner de ce côté. On monta la colline et, en route, pour justifier probablement la bonne opinion que j'avais exprimée sur son compte, Chabourdin s'attacha à me prouver qu'il avait, en quelque sorte, dérogé en embrassant la profession de commis-voyageur, attendu qu'il était bachelier-ès-lettres et qu'il avait reçu une éducation bien supérieure au milieu dans lequel la destinée l'avait jeté. Sa vocation n'était pas d'être commerçant, mais homme politique ou artiste : il aimerait à voyager à pied, avec le calepin du touriste, le crayon du peintre ou l'attirail du botaniste. Il adorait la nature, il était passionné pour les fleurs et la musique. Si l'occasion se présentait, on verrait qu'il a une belle voix. Il avait vu toutes les merveilles de l'Europe et fait l'ascension du Mont-Blanc. Il connaissait les musées de toutes les capitales. Et l'impitoyable destinée l'avait rivé à la carrière commerciale ! Et il était obligé d'offrir sa marchandise, au lieu de se consacrer aux grandes questions d'art, de science et de politique !

Je le plaignis en gardant un sérieux parfait, et en me félicitant de plus en plus d'avoir fait la précieuse rencontre d'un homme, à qui rien de tout ce qui est accessible à l'intelligence humaine n'était étranger.

Il sourit sans protester.

Quand nous fûmes au sommet de la colline, au pied du mur du cimetière, que dépassaient les croix de marbre blanc et les pointes noires des cyprès, il me dit, en tendant les mains dans la direction de Terrenoire : Regardez !

Le spectacle avait un cachet imposant et fantastique. Le brouillard tenait les fourmilières humaines ensevelies sous ses vagues blanches trouées çà et là par d'intenses foyers de lumière provenant des fours à coke.

— Voyez-vous, dit Chabourdin, ces bouches enflammées ; ne dirait-on pas les portes de l'enfer ? — Ah ça ! monsieur, vous qui me paraissez un savant, est-ce que vous y croyez à l'enfer ? ne pensez-vous pas que c'est une invention des prêtres ? Et Dieu lui-même, — le Dieu dont on nous a fait tant de peur dans notre enfance, — n'estimez-vous pas que la science, la science pure, la méthode scientifique que Léon applique aujourd'hui si brillamment à la solution des problèmes politiques, — l'a joliment ébranlé, malgré ses légions d'anges, au beau milieu de son paradis ?... Voyons ! est-ce qu'il y a un Dieu ?

— Qui sait ? lui répondis-je. Dans tous les cas, il y a quelque chose là-derrière.

Et je lui montrai les croix blanches qui alternaient au-dessus du mur avec les cyprès.

— Ah ! je vois bien, dit-il, que vous êtes un homme de sentiment plutôt qu'un partisan de la raison pure. Quant à moi, monsieur, je ne crains pas de le proclamer bien haut : je suis libre-penseur, je ne crois qu'à ce que je vois, touche ou comprends, et je n'admets pas d'autre guide que ma raison.

— Encore une question, monsieur Chabourdin, que nous pourrons traiter une autre fois, si l'occasion s'en présente, quand il fera plus clair.

Le commis-voyageur, pour me montrer sa belle voix et par manière de plaisanterie, se mit alors à parodier l'air de *Robert le Diable* :

> Nonnes qui reposez

qu'il termina par ces mots :

> Brouillards, m'entendez-vous !
> Brouillards, retirez-vous !

— Quel magnifique Bertram vous auriez fait au Grand-Opéra ! lui dis-je, en le complimentant sur sa voix. Mais voyez comme ils obéissent !

Le brouillard, en effet, s'éclaircit, puis s'évanouit comme un ministre ou un simple préfet ; et le soleil, levé depuis un instant, ne tarda pas à éclairer les bas-fonds environnants !

La ville de Saint-Etienne émergea de son creux, ou plutôt la fumée des cheminées et des usines remplaça le brouillard, ce qui nous donna une bonne opinion des habitudes matinales des ménagères de l'endroit, empressées évidemment — toutes ces fumées le disaient assez haut — à préparer le café aux hommes et la soupe aux marmots.

La rivière du Furens était ensevelie dans les ombres du tableau, mais nous pouvions distinguer la ligne droite qui marque la grande rue, laquelle est également la grande route de Roanne à Annonay et semble embrocher la ville de Saint-Etienne comme un gigot.

Du côté opposé à Saint-Etienne, on apercevait la région de Terrenoire sur le parcours de la ligne de Lyon, la première voie ferrée établie en France par les frères Seguin en 1826.

J'étais bien jeune quand j'y passai, une vingtaine d'années après. Les trains, aux montées, étaient remorqués par des cordes qui s'enroulaient à un grand treuil, et, aux descentes, allaient tout seuls, comme au jeu des montagnes russes.

En regardant du côté de la gare avec ma lorgnette, je fus frappé d'un singulier effet d'optique : mes regards tombèrent sur deux trains, placés sur deux voies parallèles, qui me parurent absolument immobiles, tandis que le sol, les arbres et les maisons fuyaient derrière eux.

Chabourdin, à qui je passai la lorgnette, dirigea ses regards du même côté et fit un mouvement en arrière comme devant une scène de diablerie.

A l'œil nu, tout rentra dans l'ordre. Nos regards n'étant plus concentrés sur un seul point restreint, nous aperçûmes deux trains marchant de la même vitesse dans la même direction. La même fantasmagorie peut être souvent observée sur les lignes à voies multiples, par exemple de Paris à Asnières, où deux trains marchent quelquefois pendant plusieurs minutes côte à côte. De chaque train, on croit voir l'autre immobile, tandis que le sol et toute la campagne environnante paraissent emportés en sens contraire avec une vitesse proportionnée à celle des trains.

Frédéric Bastiat a fait un admirable petit livre : *Ce qu'on voit et ce qu'on ne voit pas*, qui met en relief plus de vérités économiques qu'il n'y en a dans le bagage de tous nos hommes d'Etat. On pourrait en faire un autre intitulé : *Le Progrès réel et le Progrès apparent*, qui fournirait matière à non moins d'observations piquantes. Il est beau, sans doute, de pouvoir faire le tour du monde en quatre-vingt-dix jours et de communiquer instantanément par le télégraphe électrique d'un hémisphère à l'autre ; mais si ces conquêtes de l'esprit ne sont pas accompagnées d'une progression analogue dans la moralité générale, il est bien à craindre que le résultat final ne soit plus fâcheux qu'utile.

Nous avions, paraît-il, fait ces réflexions tout haut, car elles nous valurent cette vigoureuse manifestation de Chabourdin :

— Moi, monsieur, je suis pour le progrès, le progrès *for ever*, et vive la République !

— Bravo ! monsieur Chabourdin ; voulez-vous me permettre cependant une courte réflexion ?
— A votre aise.
— Eh bien ! voulez-vous me dire ce que c'est que le progrès ?
— Le progrès ! C'est bien simple : le progrès consiste à aller toujours de l'avant. *Go ahead*, comme dit l'Américain.
— Fort bien ! maintenant, dites-moi, l'homme est-il infaillible ?
— Quelle bêtise !
— Compris. Puisque l'homme n'est pas infaillible, il peut se tromper. Il peut conséquemment, en allant toujours de l'avant, s'engager dans des impasses d'où...
— Je ne veux pas vous suivre dans l'impasse ! cria Chabourdin.
— Alors c'est que vous êtes infaillible. Quant aux peuples et aux gouvernements, sans compter les individus, qui ne le sont pas, et dont la vie se passe à se blouser, ils sont bien obligés parfois de revenir sur leurs pas. D'où il suit que le vrai progrès, c'est-à-dire la réalisation du mieux, en mainte occasion, consiste à s'arrêter, et même à reculer, sans quoi il n'y aurait pas de marche ultérieure possible. D'ailleurs, l'expérience de tous les jours le montre assez clairement.

— Vous voulez insinuer, monsieur, que la République est une impasse.

— C'est vous qui l'avez dit, M. Chabourdin. Mais je ne suis pas l'ennemi absolu du régime de vos préférences. Je vois les choses de plus loin et de plus haut qu'on ne les voit généralement. Si nous étions sages...

— Je connais cette chanson, dit le commis-voyageur. C'est celle de tous les réactionnaires.

— Deux mots seulement, cher monsieur, pour clore cette digression. Un réactionnaire, pour vous, a toujours tort; ce jugement part d'un point de vue tout-à-fait erroné : après la sécheresse, la pluie est bien ; après la pluie, le beau temps est favorable ; après le froid, vient le chaud. Il en est de même dans la météorologie politique. Réactionnaire et révolutionnaire, aux yeux du bon sens comme dans les leçons de l'histoire, se tempèrent, s'équilibrent, se complètent et sont tour à tour dans le vrai et dans le faux. Si vous voulez savoir toute ma pensée, ce sont deux pantins dont la Providence tire les ficelles.

— Voulez-vous que je vous dise ? fit alors Chabourdin d'un air qui contrastait avec ses airs convaincus de tout à l'heure : Eh bien ! vous êtes trop sérieux, et cela ne vaut rien avant d'avoir déjeuné !

Je me sentis battu cette fois, et je me reprochai ma naïveté, en me demandant si mon interlocuteur, avec toutes ses apparences de républicanisme outré, n'était pas au fond plus raisonnable que je ne l'avais supposé.

III

SAINT-ÉTIENNE ET LE FOREZ

La ville de Saint-Etienne.— Ses industries.— La houille et l'électricité.— Les Gagas. — Le petit bon Dieu des Béguins.— Le Jarez et ses anciens seigneurs. — La surprise de Saint-Etienne par les protestants d'Annonay en 1562. — L'amiral Coligny à Saint-Etienne et le combat du Bessat.— L'ancienne supériorité commerciale d'Annonay sur Saint-Etienne.— Jean-Baptiste Johannot.

Saint-Etienne est une triste ville pour les amateurs d'idéal : boue et brouillard en hiver, chaleur et poussière en été, fumée en toutes saisons, voilà son bilan. Créée par le charbon, comme le Creuzot, cette ville porte partout le cachet de sa noire origine, et les hautes montagnes qui l'entourent ajoutent encore à sa sombreur naturelle.

Avec cela, un continuel vacarme, formé par les petits bruits des métiers, que coupe par intervalles le grondement des grandes usines. Les morts seuls y peuvent dormir en paix dans leur réduit élevé au-dessus du tapage et des fumées. L'autre vie est bien pour eux une récompense, car ils sortent de la poussière pour se rapprocher du soleil et du ciel bleu. Si les morts philosophaient comme de simples touristes, que de choses ne diraient-ils pas à ceux qu'ils ont laissés derrière eux? On comprend, du reste, qu'ils se taisent, parce qu'ils savent encore mieux que nous l'inutilité des plus sages conseils au temps où nous vivons.

Avant de descendre de notre observatoire, nous voulûmes faire le tour du cimetière, dont la porte venait de s'ouvrir. Il y a de fort jolis monuments funèbres dans tous les styles, beaucoup en fer artistement ouvragé. Le brouillard avait arrosé les fleurs qui couvraient la plupart des tombes et les feuilles pleuraient.

— C'est singulier, dit Chabourdin, comme tous les cimetières se ressemblent !

— Avouez, lui dis-je, que la mort est plus républicaine que vous ; car, à part quelque différence de surface, elle seule réalise les rêves de parfaite égalité !

En face du cimetière, se dresse, de l'autre côté de la ville, une hauteur où perche la chapelle de Sainte-Barbe, ayant à ses pieds l'école ou temple du dessin. Personne ne s'étonnera de voir

Saint-Etienne donner le premier rang à la patronne des mineurs et à l'art fondamental des ingénieurs.

L'école des mines de Saint-Etienne date de 1816.

On sait que la houille, les armes, les rubans et la quincaillerie sont les principaux objets de l'industrie stéphanoise. Il est curieux que le levier du monde moderne, la houille, bien qu'affleurant le sol dans tout le pays, soit resté complètement ignoré pendant toute l'antiquité et le moyen-âge. Les industries du fer avaient de beaucoup précédé à Saint-Etienne celle des extractions houillères.

Il résulte d'un terrier de 1515 que, jusqu'à cette époque, la petite et la grande ferronerie, la taillanderie et la coutellerie avaient été les seules industries de Saint-Etienne. François Ier y envoya un ingénieur en 1516 pour établir une manufacture d'armes. Ce projet fut réalisé en 1535, et cette nouvelle industrie fut en progrès constants.

La rubannerie à Saint-Etienne paraît remonter au XVIe siècle.

L'exploitation du combustible minéral ne commença guère, dans le bassin de la Loire, que vers la fin du XVIIe siècle, et ne prit un véritable développement qu'à la fin du XVIIIe siècle. Il est vrai que M. de la Tour-Varan cite une charte de 1321, par laquelle Briand de Lavieu, seigneur de la contrée, accordait une exploitation de charbon minéral à la Roche-la-Molière. On connaît aussi un accord de 1484 entre le seigneur du même lieu et les frères Tissot sur un droit d'extraction de la houille. Il résulte encore de l'opuscule de du Choul que la houille était exploitée à Tartaras au XVIe siècle. Mais il ne s'agissait évidemment alors que de petites exploitations pour les besoins locaux, sans aucune importance commerciale.

Papire Masson, dans ses *Flumina Galliæ* (1685), se borne à dire que le charbon minéral est si abondant dans la région de Saint-Etienne que les habitants s'en servent pour leur usage au lieu de bois. Il ajoute que le pays est célèbre par la fabrication des armes et qu'en temps de guerre, les habitants sont tellement noircis par le fer et le charbon, qu'on peut les appeler, non des Foréziens, mais des Africains et des Ethiopiens. Heureusement, dit-il encore, le remède est près du mal ; car les eaux du Chenavalet, petite rivière très rapide, dont la source est près de Rochetaillée (c'est un affluent du Furens), lavent très bien les vêtements sans savon.

On peut apprécier l'importance de l'extraction du charbon au siècle dernier par le fait qu'en 1750 on employait sept à huit cents mulets pour transporter ce combustible à Givors et à Condrieu. En 1780, ce nombre s'était élevé à seize ou dix-sept cents. Mais peu après (1789), le canal de Givors fut ouvert, et cette industrie prit un essor considérable.

C'est en 1794 seulement qu'on vit arriver à Paris les premiers charbons du bassin de St-Etienne (1).

Depuis l'invention de la vapeur, toutes les couches houillères en France ont été exploitées avec une telle ardeur, que bon nombre sont épuisées, et qu'on commence à se préoccuper des conséquences de cette situation.

Il me souvient d'avoir entendu (en 1847) un de nos savants les plus illustres, feu Jean-Baptiste Dumas, fixer à moins d'un siècle la date probable de l'épuisement de nos houillères françaises. Heureusement la terre est grande, et nous sommes loin de connaître toutes ses richesses souterraines. Heureusement aussi le domaine de la science est loin d'être entièrement exploré, et l'on peut déjà prévoir l'époque où le fluide électrique sera suffisamment dressé pour nous fournir la chaleur et la lumière que nous perdrions à la disparition éventuelle de la houille.

---

(1) MULSANT, *Souvenirs du mont Pilat*.

En ce qui concerne le bassin de la Loire, l'industrie de la houille n'y a pas précisément l'importance qu'on lui accorde généralement. Sa production annuelle n'est guère que de trois millions de tonnes, environ la moitié de celle des bassins du Nord et du Pas-de-Calais, et elle tend à décroître. Sur une trentaine de concessions existantes, la moitié ne donne aucun bénéfice, et le quart, au plus, est d'une exploitation avantageuse.

Le nombre des ouvriers employés aux mines est d'environ 16,000, et les excitations politiques et sociales, ajoutant constamment aux exigences de ces braves gens, n'ont pour effet que de rendre l'état de leur industrie, en même temps que leur propre situation, plus précaires.

On dit que les rubans et la quincaillerie à Saint-Etienne sont également en décadence. Il n'y a pas bien longtemps encore, cette ville fabriquait, chaque semaine, douze mille douzaines de ces couteaux que l'on appelle Eustaches.

Il est certain que la population a diminué dans ces derniers temps, et l'on suppose que le prochain recensement constatera dix à quinze milles âmes de moins.

Notons ici que Saint-Etienne est la ville qui, depuis un siècle, a eu le plus énorme accroissement de population, puisqu'elle n'avait que

9,000 habitants au commencement de la Révolution et qu'elle en a aujourd'hui près de 120,000. Sa population est donc environ treize fois ce qu'elle était à la fin du siècle dernier, tandis que Lyon n'a fait que tripler, Paris quadrupler et Marseille quintupler. Saint-Etienne est devenu chef-lieu du département de la Loire en 1856, à la place de Montbrison.

La ville de Saint-Etienne repose sur un sol devenu parfois assez mobile, par suite des nombreuses excavations auxquelles l'extraction de la houille a donné lieu. Par suite, il se produit souvent des fentes aux maisons. On leur applique alors des emplâtres gypseux, tant pour les consolider que pour voir si le mouvement continue, ce qui leur donne l'air de ces étudiants allemands, aux figures balafrées, que les rapins représentent cachant leurs cicatrices sous des timbres-poste.

On appelle les gens de Saint-Etienne des *Gagas*. D'où vient ce nom ? Serait-ce du latin *gagates*, qui signifiait bitume, fossile très noir et solide ? Quoi qu'il en soit, les Gagas ont un genre particulier qui tient un peu du caractère américain, c'est-à-dire qu'à des dehors secs et froids ils allient beaucoup d'intelligence, d'activité et de rondeur en affaires. Comme ils sont peu sensibles aux distractions intellectuelles et que les environs immédiats de leur ville prêtent peu aux promenades et aux parties de plaisir, les délices de la table tiennent chez eux une large place. Ils sout grands mangeurs et rudes buveurs, ce que le brouillard et l'altitude excusent plus ou moins. Un bon festin entre Stéphanois dure habituellement de midi à huit heures du soir, ou bien de sept heures du soir à deux heures du matin. On les accuse de gaspiller des fortunes rapidement acquises, mais cela se rapporte sans doute à un temps qui n'est plus, car aujourd'hui la fortune, rare à l'arrivée, est naturellement moins fréquente au départ.

Nous avons entendu parler d'une maison qui avait fait de mauvaises affaires, où la maîtresse du logis possédait trois cents paires de bottines. Il est évident qu'on exagère et que ces critiques s'appliquent à un petit nombre de Gagas. Toutefois, il semble bien que la société de Saint-Etienne présente, avec celle d'Annonay, par exemple, une différence qui n'est pas à son avantage. Ce n'est pas la bourgeoisie saine et fortement fondée de nos vieilles villes du Vivarais. Celle-ci se rapproche plus des mœurs patriarcales de l'ancienne France, tandis que l'autre ressemble davantage à ces sociétés cosmopolites des villes nouvellement fondées et subitement accrues, dont le temps n'a pas encore fusionné et discipliné les éléments hétérogènes, en leur imposant le joug des usages et des traditions respectables.

Quant aux mineurs, leurs mœurs se ressentent fatalement du pénible métier qu'ils exercent. Le salaire de l'ouvrier mineur est généralement élevé, plus élevé dans le bassin de la Loire qu'ailleurs, mais il est encore insuffisant pour son appétit, sa soif et le reste.

Comme personne n'est de la nature des anges, le mineur, comparant son sort à celui de beaucoup d'autres, et le comparant mal — ce que son ignorance rend presque inévitable — se prend de jalousie et de haine contre les classes qu'il juge injustement favorisées, et de là les nombreux adhérents que rencontrent, dans cette classe, les idées de révolution et d'anarchie. De là aussi les grèves, qui sont autant de primes données à l'industrie étrangère. Si cela dure, les charbons anglais pourront bientôt venir à Saint-Etienne même faire concurrence aux charbons français.

Nous rencontrâmes bon nombre de Stéphanois qui s'en allaient à leur travail, chacun portant le *bichon* qui contient le premier repas, c'est-à-dire le potage qu'on mange dans la rue.

La physionomie générale de la population dénote des habitudes actives. Il ne semble pas non plus qu'à Saint-Etienne on se porte moins bien qu'ailleurs, bien que les rhumes y soient peut-être un peu plus fréquents que dans des climats plus favorisés. On les attribue à la poussière fine provenant des industries locales et aux vapeurs bitumineuses. Somme toute, la santé générale est satisfaisante. Les épidémies sont rares et, ici comme partout, une vie réglée peut contrebalancer puissamment les mauvaises conditions atmosphériques.

Quand Soulavie (1) visita Saint-Etienne, vers 1780, il n'y vit que des gens bien portants et en conclut que la fumée de la houille n'avait rien de malsain. C'est aussi notre avis, pourvu qu'à cette fumée ne viennent pas se joindre l'alcoolisme et les autres désordres qui résultent trop souvent, dans les classes ouvrières, de l'absence du sentiment religieux, et constituent un véritable alcoolisme moral. Un curieux autant que triste échantillon des effets de ce dernier nous est fourni, précisément, par la région de Saint-Etienne. On trouve encore dans cette ville et à Saint-Jean de Bonnefond (Terre-Noire) des adeptes de la secte

---

(1) Soulavie, né à Largentière (Ardèche) en 1752, mort à Paris en 1813. — Auteur de l'*Histoire naturelle de la France méridionale* et de nombreux mémoires historiques. — Nous publierons prochainement l'histoire de sa vie et de ses ouvrages.

dite des *Béguins*, dont le Messie fut le maçon Digonnet, qui était du Mas-de-Tence, sur la limite de l'Ardèche, non loin de Saint-Agrève. Ce personnage, qu'on appelle le petit bon Dieu des Béguins, avait renouvelé, dans ce qu'il y a de plus obscène, les antiques saturnales. Il avait au-dessus du nombril une verrue que ses fidèles étaient admis à baiser. Il avait organisé certaines cérémonies où, à un moment donné, les lumières s'éteignaient au signal du grand-prêtre. Digonnet montrait une paire de sabots qu'il avait reçue du saint Esprit. Il avait abandonné sa femme pour se constituer plus tard un véritable sérail.

Il fut arrêté en 1850, et les faits qui ressortent des actes de son procès, qui se trouvent, je crois, au greffe du tribunal de Saint-Etienne, montrent jusqu'où peut, sous certaines influences, aller l'aberration humaine.

Libéré plus tard, Digonnet fut enfin enfermé dans une maison de santé à Aurillac, et c'est là qu'il est mort. On nous a raconté à Saint-Agrève que l'apostolat de Digonnet lui avait rapporté une assez jolie fortune, mais on ajoutait, à l'honneur de sa famille, qu'elle n'avait pas hésité à répudier ce triste héritage. Dans l'Ardèche, il n'y a guère, croyons-nous, de béguins que dans la région de Saint-Agrève. On reconnaît les béguines à un petit ruban bleu qu'elles portent à leur coiffe. Les hommes se reconnaissent aussi à un petit bout d'étoffe bleue.

Saint-Etienne est une ville relativement nouvelle, bien que les historiens locaux fassent remonter son origine à l'an 56 avant Jésus-Christ. Ils disent que les Romains y avaient établi un poste et que Labienus construisit un fort à Rochetaillée et un port à Saint-Just. Saint-Etienne s'appelait alors *Forum*, d'où l'on fit au Moyen-Age *Furania* et *Furan*, mais jusqu'au XI° siècle, Furan fut un simple bourg.

Le titre le plus ancien qui mentionne Saint-Etienne est la donation qui en est faite en 1195 à l'abbaye de Valbenoite. Cette ville possédait des franchises municipales en 1223, et probablement bien avant cette époque. La création du mur d'enceinte et du champ de foire ne remonte qu'à 1410.

Le pays s'appela d'abord le Jarez, sans doute du latin *Giaresium* (le Gier). Après avoir appartenu à une famille de ce nom, il échut par mariage à Josserand d'Urgel, vers le commencement du XIV° siècle. Les Chalus succédèrent aux d'Urgel (Saint-Priest) et possédèrent le marquisat de Saint-Etienne jusqu'en 1723, où ils le vendirent à M. de Moras. A peine installé dans ses possessions, celui-ci voulut, pour accroître ses revenus, obliger les communautés à payer *l'homme vivant et mourant* et aussi le lot trentenaire. Il y eut procès, et un arrêt du Parlement, en date du 15 février 1735, donna raison aux communautés. Cette singulière redevance de *l'homme vivant et mourant* se retrouve dans l'achat de la seigneurie du Mezenc par les Chartreux de Bonnefoi, vers 1640. Cette coutume féodale consistait dans l'obligation imposée aux gens de main-morte de désigner au seigneur du fief un homme à la mort duquel ils devaient certains droits seigneuriaux. Il paraît qu'elle avait quelque chose d'humiliant, puisqu'elle détermina les Chartreux à résilier le marché et, finalement, ils payèrent 4,000 livres pour en être exonérés.

Nous retrouvons ce même usage à Lyon, dans l'histoire des Grands Carmes, à la date de 1686 :
« M. de Langes exigeant *homme vivant et mourant*
« pour la maison de la Croix-Rousse, achetée
« par les Carmes, ceux-ci ne pouvant s'en défendre,
« nomment le deuxième fils de M. du Lieu,
« Charles-Vincent, âgé de sept ans. » En 1697, on désigne encore comme « *homme vivant et mourant* », pour deux vignes et maison à Limonest, M. l'abbé de Villeroy, fils de M. de Neuville, duc et pair et maréchal de France. Enfin, en 1724, les Carmes présentent, au même titre, le sieur

Antoine de Rille, âgé de vingt-un ans, pour deux maisons rue Sainte-Catherine (1).

Le marquisat de Saint-Etienne fut vendu à Louis XVI par M. des Voisins pour la somme de 1,390,000 livres.

La région de Saint-Etienne est très-déboisée, ce qui s'explique par l'énorme consommation de planches et de poteaux que nécessitent les galeries houillères. Mais les montagnes n'ont pas ici le formes abruptes qui dominent dans les Causses ou Gras du Bas-Vivarais. L'action niveleuse des éléments émousse leurs angles et, comme dans la région d'Annonay, les arrondit et les pare de verdure.

Le Forez est un pays de transition, sans caractère bien marqué; ce n'est ni la magnifique région de la Loire, où chaque plaine, chaque château évoque un souvenir historique, ni le groupe plantureux des collines du Nivernais, mais une contrée assez terne et sans couleur propre. Quand le fleuve, qui prend sa source au Gerbier-de-Jonc (*Gerbarium Jugum*), est sorti des roches de l'Ardèche et de la Haute-Loire, il perd son cachet pittoresque, en même temps que ses eaux perdent

---

(1) *Revue du Lyonnais* 1889, p. 450 à 454.

de leur pureté et de leur fraîcheur. La Loire se trouble et ses riverains prennent une nuance indécise entre la plaine et la montagne.

L'ancienne capitale de la région paraît être Feurs, en latin *Forus* ou *Forum* (qui signifie place ou marché) dont le vieux français avait fait *Forois*, comme le prouve le passage suivant d'un ancien poème :

> Et les bons oisons du Forois
> Qui valent mieux en un an qu'en trois...

Par où l'on voit combien est erronée l'idée générale qui attribue le nom de Forez aux bois ou forêts dont on suppose qu'il était autrefois couvert.

César mentionne les Ségusiaves comme occupant le territoire qui a formé depuis le Lyonnais, le Beaujolais et le Forez. Il paraît qu'avant de s'appeler *Forus Segusiavorum* la capitale de la région portait un nom gaulois que les Romains ont traduit par *Mediolanum*.

En considérant la situation géographique du Forez, qui est, pour ainsi dire, à cheval sur le col qui constitue le passage le plus facile du bassin du Rhône à celui de la Loire, et par lequel les Phocéens et les Romains, remontant la vallée du Rhône, durent passer comme par la porte naturelle d'un pays nouveau, nous serions tenté de croire qu'en effet, Forez vient de *Forus* (marché), ou bien *Foris* ou *Fores* (portes), et que le nom de la rivière *Furens* aussi bien que ceux de *Forum* et de *Furania*, donnés à Saint-Etienne, ont la même origine ; mais nous savons trop quel terrain mobile est celui des étymologies dans les questions de cette nature, et nous donnons ces suppositions pour ce qu'elles valent, en attendant qu'on en trouve de meilleures.

On dit qu'il y a beaucoup de dolmens dans l'arrondissement de Saint-Etienne. La table d'un de ces monuments, près du château de Feugerolles, est connue sous le nom de *Pierre de Saint-Martin*. On y portait les enfants pour les faire marcher. Ceci nous fait penser à une autre fontaine de Saint-Martin, qui a la même spécialité, près de Peyraud en Vivarais ; le pèlerinage a lieu au mois de mai et est encore très couru.

Le Forez présente beaucoup d'analogie avec le Vivarais, dont il est une sorte de développement vers le nord. Il reçoit du Vivarais la Loire et le Lignon. Le beau massif du Pilat n'est qu'une branche ou plutôt l'extrémité renflée des Cévennes vivaroises. Le Forez abonde, comme le Vivarais, en bois, pâturages, mines et sources minérales. Ses montagnards sont, comme leurs voisins du sud, de vaillants travailleurs. Il est, grâce à ses houillères, plus industriel que l'Ardèche, mais il n'a pas, comme celle-ci, de petite

Provence, où l'on recueille des vins comparables aux meilleurs crûs de France, et où croissent spontanément le figuier, le grenadier et le laurier rose. Le Forez est un riche magasin de combustibles, un immense atelier, un grand passage pour la région du centre, tandis que le Vivarais est, sur la rive droite du Rhône, le véritable trait d'union du midi au centre de la France.

Tout le monde connaît le fameux roman de l'*Astrée*, dont le but était de célébrer indirectement la France pacifiée par Henri IV. La contrée arrosée par le Lignon supplanta l'antique Arcadie, et la félicité de ses bergers et bergères mit bien des têtes à l'envers. Bernardin de Saint-Pierre rapporte une conversation de Rousseau sur ce sujet. Celui-ci disait :

« A propos des bergers du Lignon, j'ai fait une fois le voyage du Forez tout exprès pour voir le pays de Céladon et de l'Astrée, dont d'Urfé nous fait de si charmants tableaux. Au lieu de bergers amoureux, je ne vis sur les bords du Lignon que des maréchaux, des forgerons et des taillandiers. Ce n'est qu'un pays de forges. Ce fut ce voyage du Forez qui m'ôta mon illusion. »

Notons encore, en passant, cette observation de M. Emile Montégut au sujet du Lignon :

« Le Lignon, c'est sous des formes variées, mais parfaitement reconnaissables, le nom de quantités de rivières de la Franche-Comté, l'*Ognon*, la *Lignotte* ou *Linotte*, la *Lison*... Serait-ce donc en Franche-Comté qu'il faut chercher l'origine d'une partie des populations du Forez ? » (1)

A ce titre, le Vivarais pourrait, tout autant que la Franche-Comté, revendiquer la paternité des premiers habitants du Forez, car il a l'*Alignon*, en latin *Alinna*, qui passe à Jaujac, et la *Ligne*, en latin *Linna*, qui traverse Largentière, sans compter le *Luol*, qui coule dans la plaine d'Aps.

Le Forez a eu plusieurs historiens, dont le plus ancien s'appelle La Mure. Parmi les nouveaux, feu Auguste Bernard (le frère de ce Martin Bernard qui fut, en 1848, commissaire de cinq départements, au nombre desquels se trouvait l'Ardèche) est l'un des plus érudits, et sa *Description du pays des Ségusiaves* est, à bon droit, fort estimée des savants. Mais nous n'avons pas à faire ici l'histoire du Forez, et nous y relèverons seulement, en quelques mots, ce qui se rattache au Vivarais.

En 1473, Jean, duc de Bourbon, comte du Forez, acheta les biens d'Antoine de Lévis, qui avait été un grand dissipateur, et c'est ainsi

---

(1) *En Bourbonnais et en Forez*, Hachette, 1881.

qu'Annonay se trouva faire partie des domaines du comte de Forez. Suzanne, sa petite-nièce et son héritière, épousa le connétable de Bourbon, son cousin. Elle mourut en 1521. Louise de Savoie, mère de François Ier, disputa l'héritage au connétable, comme étant la plus proche parente de la défunte. Le connétable fut condamné, et l'irritation qu'il en ressentit ne contribua pas médiocrement à la trahison dont il se rendit coupable deux ans après, en prenant le parti de Charles-Quint contre le roi de France. Ses terres furent confisquées. Enfin, en 1531, à la mort de Louise de Savoie, la terre d'Annonay fut unie au domaine royal.

Une trentaine d'années après, c'est-à-dire au début des guerres religieuses, les rapports de Saint-Etienne avec la capitale industrielle du haut Vivarais ne furent rien moins que ceux de deux bons voisins.

Les protestants d'Annonay eurent les premiers torts en allant attaquer la ville de Saint-Etienne, afin de se munir des armes qui leur manquaient. C'est le 27 octobre 1562, à quatre heures du matin, que deux cents hommes, sous les ordres de François du Buisson, sieur de Sarras, qui se disait lieutenant du baron des Adrets, surprirent Saint-Etienne. Ils mirent le feu à deux portes de la ville et entrèrent sans résistance.

Ils pillèrent, pendant cinq jours les ateliers et magasins d'armes. Cette entreprise leur coûta cher : les catholiques des contrées environnantes, réunis aussitôt par le baron de Saint-Chamond, se mirent à la poursuite des agresseurs, les atteignirent près du Bessat le 31 octobre, en tuèrent bon nombre et firent même le sieur de Sarras prisonnier.

Les ressentiments du baron de Saint-Chamond ne s'arrêtèrent pas à cette vengeance, car, à chaque mouvement des protestants d'Annonay, c'est lui que l'on vit toujours arriver le premier pour leur infliger de nouvelles représailles et livrer leur ville à toutes les horreurs de la soldatesque.

L'armée de Coligny, forte de dix mille reîtres, sans compter les compagnies françaises, occupa aussi Saint-Etienne le 25 mai 1570.

Un de ses capitaines, Colombières, avait surpris la ville quelques jours auparavant, en faisant prendre à ses soldats des habits de femmes et les introduisant isolément pendant la nuit. Coligny tomba malade de la fièvre, disent les uns, et, selon le chroniqueur Benneyton, d'une maladie causée par la beauté des dames de cette ville. Le baron de Saint-Chamond, à la tête des catholiques, s'était posté au Bessat et à Tarentaise, pour barrer le passage aux protestants, dans le cas où ils auraient voulu se diriger sur le Rhône par le Pilat. Briquemont, un capitaine protestant, essaya de le débusquer avec l'assistance des reîtres ; mais il fut battu et l'on montre encore au Bessat le *Champ des Morts,* où eut lieu le combat, et les *Fosses,* où les morts furent inhumés. Les troupes protestantes restèrent dix-huit jours à Saint-Etienne et commirent beaucoup de dégâts dans la ville et aux environs. C'est à cette époque que fut ruinée l'abbaye de la Valbenoite.

Pendant les deux siècles suivants, les relations du haut Vivarais avec Saint-Etienne furent, heureusement, d'une nature plus pacifique et la rivalité entre les deux villes resta purement commerciale. Ce qu'on ignore généralement, c'est qu'Annonay a eu, jusque vers le commencement de ce siècle, une importance industrielle et commerciale qui rivalisait avec celle de la capitale du Forez et la dépassait sur certains points. Sans parler de la mégisserie et de la papeterie, Annonay avait autrefois des manufactures de draps, de toiles et de bas de laine, dont elle approvisionnait la montagne, c'est-à-dire toute une partie du plateau central. Le commerce des denrées coloniales avait aussi dans la contrée une importance qui répond fort peu à l'idée vulgaire qu'éveille aujourd'hui l'épicerie. La fortune de la famille Duret vient de là. Mathieu Duret, d'Annonay, avait les magasins les mieux approvisionnés à cinquante lieues à la ronde. Son fils cadet, Jacques-Vincent, courait les ports de mer en France et à l'étranger et allait aux sources acquérir les produits nécessaires pour alimenter son commerce.

Il ne faut pas oublier qu'Annonay était autrefois le passage naturel pour aller du Dauphiné en Auvergne. La route de Saint-Etienne au Puy était fort mauvaise. La preuve, c'est que l'entrepôt du commerce des draps et des denrées coloniales se trouvait à Annonay et qu'il n'y avait rien ou presque rien à Saint-Etienne. Vers 1830 seulement, plusieurs maisons de denrées coloniales d'Annonay, notamment les Clauzel, les Desgas, allèrent s'établir à Saint-Etienne et y prospérèrent. Depuis lors, la route de Saint-Etienne au Puy s'est améliorée, et le trafic par Annonay, qui datait peut-être des Gaulois, s'est transporté, en grande partie, dans le chef-lieu de la Loire. La plupart des grandes familles d'Annonay se sont enrichies par le trafic de la route d'Annonay au Puy, qui desservait toute la montagne et allait jusqu'à Langogne et Pradelles.

Le Puy était un second petit centre. Les commerçants d'Annonay y avaient des correspondants qui faisaient la répartition de détail. Les chemins de fer ont changé bien des choses.

En attendant qu'un célèbre Annonéen vint, plus que tout autre, contribuer à la grande révolution économique, produite par le nouveau système de communication dont Saint-Etienne fut la première à prcfiter, un autre Annonéen jouait, dans cette ville, à la grande révolution politique de la fin du siècle dernier, un rôle qui ne fut peut-être pas des plus heureux. Jean-Baptiste Johannot, de la famille des grands papetiers d'Annonay, était allé s'établir, avant 1789, à Rochetaillée, où il dirigeait une papeterie. Protestant et d'opinions exaltées, il se laissa mettre à la tête de la municipalité terroriste de Saint-Etienne, après la prise de Lyon, le 22 octobre 1793. Il était fort lié avec le farouche Javogne. Trop compromis après la chute de Robespierre, il se réfugia à Tournon, où la violence de ses propos le fit emprisonner. Délivré peu après, il vint se cacher dans son domaine de Panthus, près d'Annonay. C'est là que des commissaires, venus de Saint-Etienne, allèrent l'arrêter.

On le conduisit à Saint-Etienne, mais reconnu par la population, dans la nuit du 6 au 7 mars 1795, tandis qu'on le transférait d'une prison à une autre, il fut arraché des mains de ses gardes et tué d'un coup de pistolet. Plusieurs autres terroristes eurent le même sort.

C'est la fille de ce Johannot qui fut la mère du savant Littré.

Un autre Johannot, le cousin du précédent, avait été déjà victime de la fièvre révolutionnaire du temps. Il s'appelait Pierre. Dénoncé par le comité jacobin d'Annonay, comme complice de l'insurrection de Lyon, il fut arrêté à Annonay, conduit à Lyon et guillotiné huit jours après. Son frère François fut également arrêté et resta assez longtemps en prison à Viviers, mais la chute de Robespierre le sauva.

IV

LE DÉJEUNER A L'HÔTEL DES ARTS

Un mystère dans une assiette. — Une expression naturaliste à propos du Vésuve. — La partie projetée au mont Pilat. — L'album de miss Diana. — Chabourdin promet d'être sage.

Nous retrouvâmes l'Anglais et sa fille à la table de l'hôtel des Arts. J'avais choisi cet hôtel en vue d'un départ éventuel par la diligence d'Annonay qui y a son bureau, car le chemin de fer de Firminy n'était pas encore ouvert. On se salua comme de vieilles connaissances, et la fille d'Albion sourit, quand, répondant à une question de son père sur notre promenade matinale, je déclarai qu'elle avait été très amusante. Décidément, nous nous entendions parfaitement aux dépens du commis-voyageur. Celui-ci, d'ailleurs, émerveilla tous les convives par son bagout. Ce mot, disons-le en passant, exprime si bien le **bavardage**, mêlé d'esprit douteux et d'impudence gaie, mais relevé par une verve inépuisable, que nous l'aurions certainement trouvé pour l'appliquer à notre homme, s'il n'eût été déjà inventé.

Cette fois notre joyeux compagnon de voyage eut le don de faire sortir l'Anglais de son mutisme. Tant qu'il s'était borné à parler politique, à célébrer le grand Léon, ce qui ne parut pas du goût de tout le monde, l'insulaire se renferma dans une abstention que sa qualité d'étranger aurait suffi à expliquer ; mais quand le voyageur aborda le terrain religieux, quand il dit que le monde devait s'incliner devant la science moderne, et que tous les mystères avaient fait leur temps, il fut brusquement interrompu par cette exclamation du vieillard :

— O mon Dieu ! arrêtez-vous, monsieur, vous allez vous étrangler !

Tout le monde tourna les yeux vers Chabourdin, qui avait la fourchette levée pour déguster un œuf sur le plat, qu'on venait de lui servir.

— Monsieur, dit Chabourdin avec quelque solennité, je vous prie de vous expliquer.

— C'est ce que j'allais faire, répliqua l'Anglais. Ne venez-vous pas de dire, monsieur, que tous les mystères avaient fait leur temps, ce qui veut dire sans doute qu'il n'en existe plus ?

— Oui.

— Eh! bien, vous avez le plus gros de tous dans votre assiette.

— Comment cela ?

— Vous n'avez donc jamais, monsieur, fait la réflexion que l'œuf est la chose la plus mystérieuse du monde ? Pourriez-vous me dire d'où vient l'œuf que le garçon vient d'avoir l'honneur de vous servir ?

— Je suppose, répondit Chabourdin, qu'il vient d'une poule, à moins toutefois que ce ne soit d'un canard.

— Poule ou canard, c'est tout comme. Et d'où venait la poule ou le canard qui a pondu l'œuf que vous allez avaler ?

— D'un autre œuf de poule ou de canard parbleu !

— Et ainsi de suite sans doute à l'infini, jusqu'aux poules qui picoraient sous les yeux d'Adam et d'Eve, dans le Paradis terrestre : la poule faisant l'œuf, et l'œuf donnant naissance à la poule, également indispensables l'un à l'autre. Cependant, comme il faut admettre un commencement à tout, pourriez-vous nous dire qui a commencé de l'œuf ou de la poule ?

— Je dis, répondit Chabourdin pour se donner le temps de la réflexion, que mon œuf se refroidit et que je vous répondrai après lui avoir demandé à lui-même son secret en me l'incorporant.

Après avoir mangé l'œuf en quelques bouchées, sous le regard de l'assistance légèrement goguenarde, Chabourdin continua :

— Vous prétendez, milord, qu'il faut un commencement à tout. Je n'en vois pas la nécessité. Et si je vous disais, moi, que l'œuf et la poule sont venus éternellement l'un de l'autre, sans qu'il y ait ni commencement ni fin, je ne vois pas comment vous pourriez me prouver le contraire.

— Je répondrais simplement qu'à la place du mystère de la création, par laquelle la philosophie ancienne (abstraction faite de l'idée de révélation) a expliqué jusqu'ici la formation de la première poule, aussi bien que la formation du premier couple humain, vous venez de nous servir un autre mystère d'une digestion infiniment plus difficile que le premier.

— Comme je suis avant tout un homme franc et de bonne foi, dit Chabourdin en prenant un air bon enfant, je veux bien vous avouer qu'il y a là-dessous quelque chose que nous ne comprenons pas ; mais pourquoi ne pas espérer que la science le découvrira un jour ?

— Dont acte et discussion close, répliqua l'Anglais. Aussi bien n'est-ce pas par de si graves questions qu'il faut importuner les honnêtes gens que nous avons l'honneur d'avoir pour compagnons de table.

On parla d'autre chose. Chabourdin, qui n'eut pas la conscience de sa petite déconvenue, se mit au récit de ses voyages.

Il avait fait, sinon le tour du monde, au moins le tour de l'Europe, et il ne manquait jamais l'occasion de placer un mot sur chacune des grandes villes de l'étranger ou des stations célèbres qu'il avait visitées. Il avait fait l'ascension du mont Blanc, inauguré le chemin de fer du Righi, traversé le premier le tunnel du mont Cenis : il avait craché dans l'Etna et p... dans le Vésuve. Ce langage naturaliste, que l'Anglais et sa fille feignirent de ne pas comprendre, fit rougir une dame à l'extrémité de la table, mais grandit Chabourdin d'une coudée auprès de plusieurs convives.

— Etes-vous monté sur le mont Pilat ? demanda quelqu'un.

— Non, répondit-il, mais je ferais volontiers cette excursion, si j'avais un compagnon de route.

— Comme cela tombe bien ! fis-je alors, car j'y vais aujourd'hui même, et rien ne me sera plus agréable que votre société.

En sortant de table, miss Diana me prit à part.

— Nous avons appris, dit-elle, qu'il y a sur le mont Pilat une ferme où l'on reçoit des voyageurs. Ce séjour en haut lieu serait très favorable à la santé de mon père, et si cela ne vous dérangeait pas, si, de plus, ajouta-t-elle en hésitant un peu, nous pouvions compter que monsieur votre compagnon s'abstiendra de tout langage *shoking*, nous ferions volontiers partie de l'excursion projetée. Peut-être de là, continuerions-nous notre voyage par le Vivarais.

— Trop heureux, mademoiselle, lui répondis-je, de vous servir de guide sur le mont Pilat. Quant au gai bavard que nous avons recueilli en route, soyez sans inquiétude; votre présence suffira pour le maintenir dans les convenances, auxquelles nous le rappellerions bien vite s'il venait à s'en écarter.

La charmante Anglaise m'avoua qu'elle se faisait une fête de passer quelques jours sur le Pilat à cause des fleurs rares et des sujets de paysage qu'elle comptait y trouver. Elle avait alors en main l'album de voyage, dans lequel je l'avais vue crayonner si souvent, depuis notre départ de Paris. Tout à l'heure encore, à la fin du déjeuner, elle semblait y avoir noté quelque souvenir. Mon visage exprima sans doute un sentiment de curiosité indiscrète, car elle me montra aussitôt son dernier dessin. Il représentait Chabourdin, parfaitement reconnaissable, en contemplation devant un œuf, avec ces mots: *Il y a quelque chose là-dessous!*

— Oh! lui dis-je, ce n'est là, je l'espère, que le commencement d'une série. Gaudissard est une mine inépuisable de traits dignes de vos fines observations et nous le tiendrons le plus longtemps possible sous votre crayon.

L'Anglais et sa fille ayant passé dans une autre pièce, Chabourdin s'approcha et me dit:

— Eh bien! que dit la fille de lord Socrate?

— Lord Socrate! J'ignorais son nom.

— Et moi aussi, dit Chabourdin, mais ses procédés interrogatoires m'ont rappelé ceux du digne Athénien dont Xénophon nous a laissé les entretiens mémorables, et vous conviendrez que je réponds noblement à la petite taquinerie qu'il m'a faite, en le baptisant d'une manière aussi philosophique.

— Bravo! M. Chabourdin. Je communiquerai votre spirituelle vengeance à notre insulaire, et je suis sûr qu'il en sera flatté! Vous allez avoir, du reste, l'occasion de nouvelles passes d'armes courtoises, car miss Socrate vient de me communiquer le désir de son père de nous accompagner au mont Pilat, et je n'ai pas hésité à accepter en votre nom comme au mien.

— Et vous avez bien fait. Voyez-vous, une femme, même une Anglaise, quelque collet-monté qu'elle soit, fait toujours bien dans le paysage. D'ailleurs elle est jolie, la fille d'Albion, quoique trop longue et probablement un peu puritaine. Mais elle n'a pas l'air sotte, et son frais minois ne pourra qu'ajouter un charme à notre excursion.

— La présence d'une femme, ajoutai-je en souriant, adoucit les mœurs et empêche les licences habituelles du langage...

— Compris l'allusion ! interrompit le commis-voyageur. J'ai regretté immédiatement le mot, mais il était parti. Que voulez-vous? On est voyageur ou on ne l'est pas. Mais rassurez-vous, j'ai la prétention d'être un homme bien élevé et, tant qu'il y aura des dames, je veux désormais observer les convenances comme un académicien.

V.

ROCHETAILLÉE ET LES BARRAGES DU PILAT.

Les routes du Pilat. — La vallée du Furens. — Le barrage de Rochetaillée. — Une lettre de Napoléon III en 1856. — L'hirondelle de rocher. — Le château de Rochetaillée. — Un guerrier amoureux. — Pourquoi le nuage monte et l'eau descend. — La nature et le bon Dieu.

Chabourdin nous quitta pour aller voir quelques clients.

Nous discutâmes, en son absence, les détails de la partie projetée.

Deux routes, presque parallèles, séparées par la vallée du Furens (ou Furand), partent de Saint-Etienne, dans la direction du mont Pilat.

L'une, la nationale, dite de Saint-Etienne à Grenoble, que suit la diligence d'Annonay, se dirige directement sur Bourg-Argental et Annonay, en passant par la République et le Grand-Bois.

L'autre, la départementale, qui serre de beaucoup plus près le massif de Pilat, gravit les cimes par Rochetaillée, arrive au col du Bessat, qui est presque à la hauteur des sommets de Pilat (1,200 mètres) et de là se ramifie, au lieu de Riorania, d'un côté vers Bourg-Argental, de l'autre vers Saint-Chamond, par la vallée du Gier, tandis que la branche principale continue vers Saint-Julien-Molin-Molette, d'où l'on peut, à volonté, filer directement sur Serrières ou sur Saint-Pierre-de-Bœuf.

Nous avions suivi autrefois la première de ces routes pour aller à Annonay. Il faut à la diligence une bonne heure et demie pour monter de Saint-Etienne à la République, petit hameau de la commune de Saint-Genest-Malifaux, ainsi appelé, bien avant 1848, parce qu'il y avait depuis la fin du siècle dernier une auberge à l'enseigne de la République. En cet endroit, la route est bordée, au sud-est, d'une rangée d'arbres de quatre mètres de largeur. Cette plantation fut faite, vers 1848, par M. Sénéclause, pépiniériste au Bourg-Argental, pour le prix de 25,000 francs, et cela suffit pour modifier l'état de la route. Il y avait là, autrefois, des amoncellements de neige de deux et trois mètres de hauteur, qui rendaient le passage fort difficile, ou même absolument impossible, à la malle-poste de Paris à Marseille, qui suivait cette direction avant l'ouverture des voies ferrées. Depuis lors, la route est toujours praticable, même par les hivers les plus rigoureux ; seulement il faut y mettre parfois plusieurs attelages de bœufs.

Nous aurions pu profiter de la diligence d'Annonay pour aller jusqu'à la République et gagner de là, à pied, le Bessat, puis la grange de Pilat ; mais il était déjà un peu tard pour réaliser ce projet. D'ailleurs, nous désirions voir, en passant, le beau barrage de Rochetaillée. Bref, il fut convenu que nous partirions le lendemain matin et, qu'après avoir passé la matinée à visiter le barrage, nous irions déjeuner au Bessat et coucher à la grange de Pilat.

Le lendemain, de grand matin, une légère voiture, traînée par deux bons chevaux. nous conduisait au barrage de Rochetaillée.

La route remonte la vallée du Furens. Elle est assez bonne et semée tout le long de détails intéressants pour le touriste comme pour l'industriel. Voici, pour le premier, de beaux noyers dans le fond de la vallée, des châtaigners un peu plus haut, et même, sur le flanc exposé au midi, quelques plantations de vignes. Les châtaigniers, dans cette région, sont beaux, et encore plus dans la vallée du Gier ; mais ils ne paraissent pas donner autant de fruits que les châtaigniers moins branchus et moins touffus des montagnes du Vivarais.

Pour l'industriel, le spectacle n'est pas moins

digne d'attention : une foule de petits établissements sont échelonnés le long du Furens ; ici une fonderie de plomb, puis une fabrique d'acier, une buanderie mécanique, une manufacture de canons de fusil (c'est la maison paternelle des Dorian), une fabrique de lacets de souliers, etc., etc. Le bruit des martinets et les grincements du fer contre les meules des aiguiseurs chantent tout le long au touriste leur chanson métallique. Il faut dire que quelques-uns de ces vieux bâtiments paraissent abandonnés : effet naturel de l'association des capitaux, devant laquelle la petite industrie doit partout baisser pavillon. Et cela est très fâcheux au point de vue économique et moral, car les ouvriers se portaient mieux, étaient plus raisonnables et faisaient plus d'économies avant les grandes agglomérations d'aujourd'hui.

Nous aperçûmes, sur l'autre rive du Furens, les restes de l'abbaye de Valbenoite, occupés par une fabrique d'armes et de quincaillerie. Les premiers bâtiments, qui dataient de 1220, furent détruits par un double incendie quelques années avant la Révolution.

La rivière de Furens, dont les eaux ont été utilisées pour le barrage de Rochetaillée, a sa source au Grand-Bois et se jette dans la Loire à Andrézieux, après un parcours de 30 kilomètres ; sa pente est de 32 mètres par kilomètre ; celle du

Rhône est seize fois moindre, soit 2 m. 09. Le barrage a été exécuté sur un point où un énorme rocher, planté au milieu de la vallée, ne laissait aux eaux de Furens qu'un étroit passage, en les obligeant à un détour à gauche.

Les ingénieurs ont fermé ce passage au-dessus du Trou d'Enfer et ont élevé les eaux de façon que l'excédent passe à un niveau beaucoup plus élevé, à la droite du rocher, et retombe en belle cascade, en face de la route de Saint-Etienne. Le lit de gauche, resté vide, a été transformé en avenue plantée d'arbres et forme en été un des plus jolis buts de promenade pour les Stéphanois.

La cascade, quand nous passâmes, était à son minimum de volume, soit trente litres à la minute, que le barrage doit aux riverains et qu'il leur fournit sur ses réserves, quand le Furens ne les donne pas naturellement.

Trois inscriptions, placées sur des plaques de marbre, apprennent au touriste tout ce qu'il peut désirer savoir.

La première, placée au bas de la digue de maçonnerie, est ainsi conçue :

SOUS LE RÈGNE DE NAPOLÉON III
Le 28 octobre 1866
A été inauguré ce barrage

S. Excellence M. Béhic *étant ministre des travaux publics*
Le général comte de Palikao *commandant le*
4ᵉ corps d'armée
S. Exc. le duc de Persigny, *président du conseil général*
Levert, *préfet du département de la Loire*
Benoit Charvet, *maire de la ville de Saint-Etienne*
Vital de Rochetaillée, *maire de Rochetaillée*
Comoy, *inspecteur général des ponts et chaussées*
Graeff, *ingénieur en chef*
De Montgolfier, *ingénieur ordinaire*

Les deux autres inscriptions sont en haut du bassin, encastrées dans les murs de la maison du garde.

Nous apprenons par l'une que la capacité du réservoir est de 1,600,000 mètres cubes, dont 1,200,000 pour conserver l'eau destinée aux fontaines et aux usines, et 400,000 de vide pour retenir les eaux d'inondation.

Il résulte de la seconde inscription que la dépense totale a été de 1,644,000 fr. dont voici le détail : 902,000 fr. pour le mur du réservoir, haut de 56 mètres, long de 100 mètres, épais de 49 mètres au pied ; 18,000 fr. pour le tunnel supérieur de 65 mètres qui sert à écouler les eaux d'inondation ; 102,000 fr. pour le tunnel inférieur de 185 mètres, par où se fait la prise d'eau pour les tuyaux, robinets, etc.

350,000 fr. pour le canal de décharge ;

177,000 fr. pour les indemnités ;

36,000 fr. pour le petit barrage et les vannes de manœuvre, qui sont à 1,600 mètres à l'amont.

L'idée du barrage de Rochetaillée remonte à une cinquantaine d'années. En 1836, le maire de Saint-Etienne, M. Peyre-Lallier, avait fait le plan de huit réservoirs à établir sur le Furens. Vers 1844, l'ingénieur Conte-Granchamp se livra à des études plus mûries, que la révolution de 1848 empêcha d'aboutir à un résultat pratique. Ces études furent reprises quand l'avènement de Napoléon III, tirant le pays des agitations d'une politique stérile, permit de s'occuper d'améliorations utiles. Le maire d'alors, M. Faure-Bellon, fit adopter, en 1856, par le conseil municipal, le projet dressé par Conte-Granchamp, assisté de M. Graeff, ingénieur en chef, et de M. Deloche. L'exécution des travaux fut confiée à M. de Montgolfier ; ils commencèrent en 1861 et durèrent cinq ans.

Le petit barrage du Pas-de-Riot, antérieur à celui de Rochetaillée, est à 2,200 mètres en amont de ce dernier.

Outre l'eau du barrage, Saint-Etienne fait venir du Bessat son eau de source, prise au Grand-Bois, sur les territoires du Bessat et de Tarentaize. En parcourant les abords du barrage, nous rencontrâmes deux grandes dalles de granit, servant d'œil aux conduits souterrains de ces sources, et sous lesquelles on entendait l'eau couler bruyamment. Ces sources suffisent à Saint-Etienne en temps ordinaire, mais le barrage est là pour fournir un supplément au besoin. Le garde du barrage correspond par le téléphone avec Saint-Etienne.

Le bassin est peuplé de truites. On a remarqué que, depuis son établissement, l'hirondelle de rocher est venue s'établir aux environs, et l'on prétend même que la loutre a fait son apparition.

Le Pilat a deux autres barrages, l'un à la Valla et l'autre à Ternay, qui ne font pas moins d'honneur aux habitants de Saint-Chamond et d'Annonay que celui de Rochetaillée aux habitants de Saint-Etienne.

Les deux derniers, inspirés sans doute par l'exemple de Rochetaillée, paraissent avoir reçu tout au moins une forte impulsion d'une lettre de Napoléon III du 19 juillet 1856, où le souverain, frappé des inondations de cette année, et cherchant à en prévenir le renouvellement, faisait les réflexions suivantes :

« Tout consiste à retarder l'écoulement des eaux. Le moyen d'y parvenir est d'élever, dans tous les affluents des rivières et des fleuves, aux débouchés des vallées et partout où les cours d'eau sont encaissés, des barrages qui laissent dans leur milieu un étroit passage pour les eaux, les retiennent lorsque leur volume augmente et forment ainsi, en amont, des réservoirs qui ne se vident que lentement. »

Cette idée si simple et si féconde, qui n'était pas sans doute bien nouvelle, puisque les Romains avaient déjà construit des barrages, mais qui, dans la bouche du chef de l'Etat, devait frapper davantage les esprits, surtout après les récents désastres, fut, dans tous les cas, soigneusement recueillie par un des plus grands industriels d'Annonay; c'est, en effet, à l'initiative de M. Etienne de Canson qu'est due l'exécution du barrage du Ternay, le second, en date, des barrages du Pilat, mais non le moins important, car s'il est moins profond que celui de Rochetaillée, il présente, en revanche, une superficie beaucoup plus grande (environ 30 hectares) et contient près de trois millions de mètres cubes d'eau.

On a calculé que les sources du Pilat pouvaient donner ensemble, pendant les plus basses eaux, un minimum de 39,000 mètres cubes par jour.

Lord Socrate ne dissimula pas son admiration pour le beau travail du barrage de Rochetaillée.

— Ah ! dit-il, si les Français s'attachaient à ne remporter que des victoires de ce genre, qui pourrait rivaliser avec eux !

— Heureusement pour les nations rivales, dis-je, la méchante fée qui préside à toutes les naissances, jalouse sans doute des avantages dont les bonnes fées avaient doté la France, lui a dit : Tu auras toutes les qualités; tu seras intelligente, brave, laborieuse; mais tu ne profiteras de rien, car tu aimeras la politique avant tout, et tu perdras la plupart de tes avantages en bavardages inutiles.

Chabourdin avait grande envie de célébrer, à propos des barrages, la République et le grand Léon, mais il s'abstint, en réfléchissant, sans doute, que tous les barrages du Pilat remontaient à l'époque du tyran.

Miss Diana nous avait quittés pour s'installer au bord du barrage, d'où elle suivait, avec un intérêt marqué, les évolutions des hirondelles. Oh ! les jolies bêtes ! avec quelle grâce et quelle légèreté elles accomplissent la mission que Dieu leur a donnée de purger l'air des moucherons !

L'enfant du garde apporta à la jeune fille un de ces oiseaux. Miss Diana fit poser un moment l'enfant, tenant dans ses mains l'oiseau, dont la tête fine et l'air effarouché indiquaient assez l'ennui d'une captivité inattendue. Quand elle eut terminé son dessin, elle caressa doucement l'oiseau, le contempla encore un moment pour en bien saisir la physionomie, puis, ayant donné une pièce de monnaie à l'enfant, lui fit remettre la prisonnière en liberté. L'hirondelle s'envola avec un petit cri de joie.

Miss Diana avait pour les oiseaux une affection particulière, au moins pour les oiseaux innocents, ceux qui ne mangent pas les autres. Elle ne comprenait pas comment il y avait des hommes assez cruels pour leur faire la chasse.

— Je vous avoue, dit Chabourdin, que pour ma part je le comprends très bien, car enfin, nous sommes en état de légitime défense : si nous ne mangions pas les bêtes, ce sont elles qui nous mangeraient.

— C'est là, dis-je, une très grosse question que les cuisiniers et le bon sens pratique ne résoudront jamais de la même façon que les jeunes filles sentimentales ; mais en la restreignant aux hirondelles, nous pouvous tous être d'accord, car l'hirondelle, outre qu'elle serait un mauvais mets pour nos tables, est pour nous, non pas un concurrent malencontreux, mais un précieux auxiliaire, puisqu'elle nous débarrasse d'une foule d'insectes incommodes ou malfaisants.

Du barrage on peut, en quelques minutes, si l'on est pressé, rejoindre directement la route du Bessat au village des Essartines ; mais, ayant toute une grande et belle journée devant nous, point n'était besoin de faire cette ascension que miss Diana proposait.

— Ce n'est pas étonnant, me souffla le commis-voyageur, elle est si maigre !

— Et vous êtes si gras !

— Elle est fort gentille, néanmoins !

Chabourdin allégua hypocritement le plaisir qu'aurait lord Socrate à visiter Rochetaillée.

Nous reprîmes donc notre voiture au bas du barrage pour aller faire le tour de Rochetaillée. Ce village est assis sur une arête de rocher qui fait de cet endroit la limite précise des deux bassins du Rhône et de la Loire, en sorte qu'en se mettant à cheval sur telle muraille que montrent les indigènes, on a un pied sur le versant océanique et l'autre sur le versant méditerranéen.

On voit à Rochetaillée, sinon les restes du camp problématique de Labiénus, au moins les ruines d'un château féodal avec trois tours et deux portes. Sur l'une des portes est écrit : *Ostium non hostium*, ce qui veut dire une porte qui ne s'ouvre pas à l'ennemi. On en disait autant de Metz. Et quant à Rochetaillée, ses murs démolis enseignent la modestie aux faiseurs d'inscriptions futures.

Ce château avait pour assise une curiosité géologique, c'est-à-dire une lentille de quartz opaque de 15 à 25 mètres de puissance. Est-il étonnant que, bâti sur une pierre à fusil, il ait eu des destinées belliqueuses ? Après avoir appartenu successivement aux Lavieu, seigneurs de Jarez, aux Lignières et aux Montrond, ce château appartenait, à l'époque des guerres de religion, à Jean d'Apchon qui, en 1573, épousa Marguerite de Luppé, la dame chantée par Anne d'Urfé, sous le nom de *Carite*, dans un volume de poésies inédites que possède la Bibliothèque nationale. Marguerite, devenue veuve, aurait volontiers accepté son fidèle adorateur, mais ses parents l'obligèrent à épouser un Bressieu. Naturellement les deux rivaux se trouvèrent dans des camps opposés, le Bressieu pour le roi de Navarre et Anne pour la Ligue. Ce dernier prit sa revanche et emporta d'assaut le château de son rival le 30 juin 1589. Plus tard, ce brave Anne se fit moine et mourut en 1621.

Miss Diana prit un vif intérêt à cette histoire romanesque.

Malgré ses mésaventures, le château de Rochetaillée avait traversé sans encombre la Révolution; mais il est tombé, il n'y a pas longtemps, sous les coups d'une bande noire qui l'a vendu en détail aux maçons et aux paysans qui avaient besoin de matériaux pour bâtir (1).

---

(1) MULSANT. *Souvenirs du Mont Pilat*, t. 1, p. 107.

Ici un souvenir personnel : nous nous voyons, comme dans un rêve, passant à Rochetaillée, il y a quelques trente ou quarante ans, en touriste poudreux. C'était par une belle soirée d'automne que nous fîmes notre entrée peu solennelle dans ce village, en quête d'une auberge. Celle où nous frappâmes, la seule croyons-nous, de l'endroit, était de fort modeste apparence. Quand on vint nous ouvrir, nous nous attendions à l'apparition d'une maritorne quelconque, laide et grossière, et nous fûmes agréablement surpris de trouver une jolie fille dont le frais visage, le ton de voix et l'air honnête contrastaient heureusement avec le milieu que le sort lui avait donné. Nous trouvâmes le dîner bon et la chambre propre et, après avoir écrit nos impressions de la journée, nous nous endormîmes en rêvant des héroïnes de l'*Astrée*. Heureux temps où la jeunesse fait trouver toutes les femmes jolies et tous les dîners bons !

Cette fois nous ne fîmes que traverser le village. Le cocher, profitant des loisirs de la montée, nous raconta la générosité du baron de Rochetaillée qui, voulant au moins assurer le nécessaire aux indigents de son village, leur ouvre un compte chez son boulanger et son boucher.

— En voilà un, au moins, dit l'Anglais, qui a compris la question sociale ; car si chaque riche en faisait autant dans son milieu, elle se trouverait toute résolue.

Ce généreux bienfaiteur de la contrée est mort, je crois, l'année dernière.

Le lac du barrage miroitait là-bas. Il en montait comme une vapeur légère qui allait se perdre dans les arbres du Grand-Bois. Ce phénomène donna à Chabourdin l'idée de déployer sa science en nous expliquant la théorie du *Circulus* éternel des eaux terrestres qui, après avoir coulé du sommet des montagnes, y remontent sous la forme de nuages pour y continuer leur rôle rafraîchissant et fécondant.

— Tout cela, dit l'Anglais, est fort bien imaginé ; mais savez-vous pourquoi le nuage monte et pourquoi l'eau descend ?

— Oui, c'est en vertu des lois de la pesanteur, découvertes par un de vos plus illustres compatriotes !

— Des lois ! En Angleterre, qui dit loi suppose un législateur. Est-ce qu'il n'en est pas de même en France ?

Chabourdin se mordit les lèvres. Il s'embrouilla en cherchant à expliquer que ces lois étaient inhérentes à la force même des choses, sans que cela impliquât l'existence d'une personnalité supérieure et toute puissante, placée en dehors du monde matériel.

— Qu'appelez-vous la force des choses ? dit lord Socrate.

— C'est la Nature.

— Est-ce qu'il ne serait pas plus simple, dit miss Diana, de dire que c'est le bon Dieu ?

— Ecoutez, messieurs, dis-je en intervenant, nous reprendrons le débat là-haut, sur les sommets du Pilat. Comme la nature y est, dans sa simplicité grandiose, encore plus visible et plus éloquente qu'ici, nous demanderons à cette aimable autant que mystérieuse personne d'éclaircir le malentendu qui nous divise, et peut-être nous livrera-t-elle des secrets qui nous mettront d'accord...

— ... Si l'accord, murmura l'Anglais, peut exister quelque part entre les hommes.

VI

LE ROI DE PILAT ET LES POMMES DE TERRE

Grâce pour les alouettes ! — Le chasseur de... renards. — La pomme de terre, ses origines. — La pomme de terre, marchandise courante sur le marché d'Annonay au XVIIe siècle. — Les disettes supprimées par la pomme de terre et le libre-échange. — Un nouveau dessin de miss Diana.

Le plateau qui est au sommet de la montée s'appelle la Barbanche ; mais il est encore plus connu sous le nom de Plateau des Chasseurs, à cause de l'habitude qu'ont les Stéphanois de venir y prendre les alouettes au miroir.

En entendant ce détail donné par le conducteur, miss Diana prit naturellement la défense des alouettes, comme elle avait pris celle des hirondelles, et je fis chorus avec elle. Pauvres petites bêtes ! pourquoi ne les comprendrait-on pas dans les mesures administratives qui interdisent la chasse aux petits oiseaux ? Elles mangent si peu et il y a si peu à manger dans leur cadavre ! D'ailleurs, elles se nourrissent surtout de vers et d'insectes, et, à ce titre, les agriculteurs devraient prendre leur défense contre les chasseurs. L'alouette a encore d'autres droits à être mieux traitée qu'elle ne l'est par une nation qui se prétend républicaine : c'est que personne, dans le monde des oiseaux, n'aime la liberté autant qu'elle, et la preuve, c'est qu'étant mise en cage, elle finit toujours par se casser la tête contre les parois en cherchant à s'envoler. Rappelons-nous enfin que l'alouette était l'emblème de nos pères les Gaulois. Voilà bien des raisons sérieuses en faveur de notre petite protégée ; mais les préfets ont bien autre chose à penser, et le meilleur moyen pour cette dernière d'obtenir leur protection serait probablement, — puisqu'on la dit capable d'imiter la voix humaine, — d'apprendre à crier : *Vive la République !* ou bien : *Vive les écoles laïques !*

On vient aussi sur ce plateau chasser les oiseaux de passage : les ramiers, les canards, les bécasses et une foule d'autres voyageurs emplumés. C'est surtout en octobre et novembre, suivant la précocité de l'hiver, qu'ont lieu ces aggressions à main armée contre les malheureux touristes aériens qui volent vers les Nice ou les Menton de leur monde.

Miss Diana déclara, d'un ton très convaincu, que de pareils actes de brigandage devraient être punis. Chabourdin sourit, mais discrètement, car il cherchait à plaire à la jeune Anglaise.

Un petit incident captiva peu après notre attention : une nuée d'oiseaux de toute espèce, où l'on distinguait des merles et des geais, sortit d'un bouquet d'arbres et se mit à voler au-dessus des broussailles et des rochers, avec une animation et des cris extraordinaires.

— Il se passe quelque chose d'insolite de ce côté, dit Chabourdin.

— Je suppose, dit le conducteur, que les oiseaux ont découvert un hibou, un renard ou une fouine : c'est leur manière de faire l'accompagnement à un ennemi.

Presqu'en même temps on entendit un coup de fusil.

— Ah ! dit miss Diana, je le pensais bien ! le véritable ennemi de toutes ces pauvres bêtes, c'est l'homme !

Et, emportée par son indignation, la jeune fille fit arrêter la voiture et s'avança résolûment vers l'endroit d'où était parti le coup de fusil.

Lord Socrate ne parut nullement surpris et inquiet de ce mouvement. Il se disposait à suivre sa fille, mais en voyant que j'avais déjà sauté à terre pour l'accompagner, il resta avec Chabourdin.

Nous nous dirigeâmes vers le bouquet d'arbres, d'où les oiseaux s'éloignaient maintenant avec épouvante.

Bientôt l'homme du coup de fusil apparut et je reconnus, non sans étonnement, un ancien camarade du collège d'Annonay.

— Monsieur, lui cria l'Anglaise, dès qu'il fut à la portée de la voix, c'est indigne ! Comment n'avez-vous pas honte d'assassiner des bêtes inoffensives ?

La colère la rendait charmante. Le chasseur n'y comprenait rien et son air semblait dire : Quel méfait ai-je donc commis ?

Aussi frappé de la beauté et de la distinction de son interlocutrice que surpris de l'étrangeté de l'aventure, il s'avança de l'air le plus courtois pour savoir ce qu'on lui voulait.

Je pris la parole, pour épargner une nouvelle sortie à mon aimable compagne, et j'expliquai à mon ancien condisciple l'horreur qu'inspirait à beaucoup de personnes en Angleterre, et même en France, la chasse aux petits oiseaux.

— Mais, s'écria le chasseur, moins sincère peut-être que désireux de se ménager un meilleur accueil, je ne fais pas la chasse aux oiseaux. Je fais ce que les plus respectables personnages se permettent, de l'autre côté de la Manche, je poursuis l'ennemi des poules et des colombes: je chasse le renard !

Saisissant la balle au bond, je rappelai à miss Diana la manifestation aérienne dont nous venions d'être témoins et qui confirmait la présence du terrible ennemi de toute la gent ailée, en même temps que la sincérité du chasseur.

Ces paroles dissipèrent les nuages qui chargeaient le front de l'Anglaise.

— Oh ! monsieur, dit-elle alors, c'est bien différent, et je regrette mon injuste soupçon ; mais, au moins, l'avez-vous atteint le renard ?

— Hélas ! belle dame, répondit le chasseur, nous ne sommes pas outillés, ici, comme vous l'êtes en Angleterre, pour avoir raison d'un aussi rusé coquin, et mon chien n'a pas encore pu trouver la piste de son terrier. — Ici, Vesta !

Une magnifique chienne au poil blanc, taché de noir, accourut à cet appel.

Tandis que miss Diana retournait auprès de son père, je renouai avec le chasseur une connaissance interrompue depuis le collège, c'est-à-dire depuis une trentaine d'années.

Je racontai ma rencontre avec lord Socrate et Chabourdin, et notre partie improvisée au mont Pilat.

— Le Pilat ! s'écria le chasseur, mais c'est mon domaine, je dirais presque mon royaume. Personne n'en connaît mieux les coins et les recoins, les hommes et les bêtes. Et s'il plaît à cette charmante Anglaise, à son respectable père... et à ses non moins respectables compagnons de m'agréer comme guide, je me mets à votre disposition. Et je jure, ajouta-t-il, en levant comiquement la main d'un air solennel, par saint Hubert et sa meute céleste, de ne pas chasser, pendant tout ce temps, autre chose que le renard ! Il est bien entendu, ajouta-t-il, pour les oreilles de la blonde insulaire, que je n'ai jamais chassé d'autre gibier.

— Qui pourrait en douter ? fis-je en riant.

En regagnant la voiture, nous trouvâmes l'Anglais et Chabourdin, que miss Diana avait rejoints, en contemplation devant un champ de pommes de terre à fleur violette. Ces pommes de terre, qui ont aussi la peau violette, sont les plus délicates et en même temps les plus communes sur les hauteurs, en Forez comme en Vivarais. Partout, dans ces régions, l'œil se repose agréablement sur de vastes champs de solanées dont la brune verdure est constellée de fleurs d'un violet purpurin, tandis que les espèces à fleur blanche règnent presque exclusivement dans les régions inférieures.

Je présentai mon ami, le chasseur de renards, à lord Socrate et à Chabourdin, en leur faisant part de l'offre aimable qu'il nous faisait de nous guider sur le mont Pilat, offre qui fut naturellement acceptée.

Mais l'Anglais paraissait absorbé par les solanées. Il nous demanda quelles étaient les différentes espèces cultivées dans la contrée.

Le chasseur répondit qu'on ne distinguait guère les pommes de terre dans nos pays qu'en pommes de la montagne et en pommes de la plaine, les premières aussi supérieures aux secondes que le froment l'est au seigle, le marron à la châtaigne, le café à la chicorée et le bon vin à la piquette...

— Ou encore, continua Chabourdin, le vin de la maison Balanchard à celui des maisons rivales.

Nous nous inclinâmes tous en signe d'assentiment.

Les explications que nous donna lord Socrate montraient qu'il avait étudié, d'une façon spéciale, le précieux tubercule. Les agriculteurs ne s'accordent guère sur la façon de classer les pommes de terre. Les uns les distinguent en *patraques*, *parmentières* et *vitelottes*, selon que leur forme est sphérique, ovoïde ou cylindrique.

D'autres, s'attachant à la couleur autant qu'à la forme, croient que la pomme de terre provient de trois types primordiaux, qui seraient la *rouge-longue*, la *grosse-blanche* et la *grosse-jaune*, mais notre interlocuteur pensait que la *violette de Hollande*, celle que nous avions sous les yeux, est tout aussi primordiale que les trois autres, et il soutenait que les variétés connues (dont le nombre dépasse, dit-on, cinq cents), dépendaient surtout des conditions de terrain et de climat, lesquelles, avec le temps, finissent toujours par opérer la transformation des espèces. Et il en voyait la preuve dans le fait même de la présence de la violette sur nos hauteurs montagneuses, où certainement, vu les habitudes routinières des montagnards, elle n'aurait pas pris une pareille extension, si l'on voulait y voir l'importation d'une culture supérieure plutôt que l'œuvre de la nature.

Nous parlâmes ensuite de l'origine de la pomme de terre et de l'ancienneté de sa culture dans nos contrées, et, sur ce point, la conversation mit en lumière des faits d'un véritable intérêt et peu ou point connus.

Il est généralement admis que la pomme de terre a été apportée du Pérou par les Espagnols au XVIe siècle. Elle se répandit d'abord en Bourgogne et en Franche-Comté. Charles-Quint l'introduisit en Allemagne et John Hawkins en Irlande. En 1588, elle était cultivée dans les environs d'Arras, et, quand Walter Raleigh, venant de Virginie, la présenta comme une nouveauté en Europe vers 1625, elle était connue dans un certain nombre de provinces de la France, notamment en

Dauphiné, où elle avait été, paraît-il, apportée de Suisse.

— Il est certain, fis-je observer, qu'elle n'était pas inconnue dans nos contrées, puisqu'il en est question dans le *Théâtre d'Agriculture* d'Olivier de Serres, qui vivait de 1539 à 1619. Le terme de *cartoufle* qu'il emploie fait supposer que la pomme de terre est arrivée dans le Sud-Est de la France, en passant par l'Allemagne. Après avoir décrit sa culture, le père de l'agriculture française dit que « le fruit ne se prépare pas si bien à l'air que dans la terre, se conformant en cela aux véritables truffes, auxquelles les cartoufles ressemblent en figure, non pas si bien en couleur, qu'elles ont plus claire que les truffes, l'escorce non raboteuse, mais lisse et déliée. Voilà en quoi ces fruits diffèrent l'un de l'autre. Quant au goust, le cuisinier les appreste de telle sorte qu'on y reconnaît peu de diversité de l'un à l'autre. »

— Oh ! oh ! dit Chabourdin, voilà qui prouve que votre Olivier de Serres n'était pas gourmet !

Je continuai en rappelant que vers la même époque un nommé Gaspard Bauhin (1) cherchait à propager la culture de la pomme de terre dans

---

(1) Gaspard Bauhin, anatomiste et botaniste, né en 1560 à Bâle, où il mourut en 1624.

les Vosges et aux environs de Lyon — et, vu les relations également intimes qui unissaient le Vivarais au Lyonnais et au Dauphiné, il est assez difficile de savoir de laquelle de ces deux provinces la pomme de terre est venue dans les Cévennes. La mention de ce végétal par Olivier de Serres fait présumer le Dauphiné; mais l'initiative de Bauhin permet aussi de supposer le Lyonnais, surtout si l'on tient compte de la tradition locale, indiquée dans une lettre du curé de Saint-Alban-d'Ay, en Vivarais, à Dom Bourotte, d'après laquelle c'est dans cette commune que les premières pommes de terre auraient été semées en Vivarais.

— Ce qu'il y a de bien certain, dit le chasseur, c'est que les pommes de terre sont beaucoup plus anciennes au Pilat que vous ne le supposez sans doute. La preuve en est dans le livre de raison du notaire Tourton (1), qui, pendant toute la seconde

---

(1) Ce manuscrit appartient à MM. Vidon frères, négociants à Annonay. Il en résulte qu'à une époque de cherté (avril 1694), où la quarte de seigle était montée à 3 livres 12 sols, les truffes blanches à Annonay se vendaient de 22 à 25 sols, les châtaignes 33 sols et les pois et haricots 3 livres 18 sols. Le mois suivant, la quarte de seigle atteignait 4 livres 15 sols et la quarte de truffes blanches 28 sols. En novembre 1696, Tourton partage sa récolte de truffes blanches avec son métayer. Il a pour

moitié du XVIIᵉ siècle, mentionne la pomme de terre comme étant une marchandise courante sur le marché d'Annonay. On y voit figurer chaque année sa propre récolte de *truffes blanches* et le prix de ce tubercule dans la région.

Je constatai, de mon côté, l'extension que la culture de la pomme de terre avait prise dans le Vivarais, le Velay (et sans doute aussi le Forez) par le témoignage des curés de la contrée dans leurs réponses aux auteurs de l'*Histoire du Languedoc* (1759 à 1762) que nous a conservées la *Collection du Languedoc*.

Il suffira de citer quelques-uns de ces témoignages : le curé de Saint-Maurice-sous-Chalançon indique parmi les productions de sa paroisse « les truffes rouges ou pommes de terre ».

---

sa part cinq sestiers moins une quarte. Les pommes de terre ne se vendent plus alors que 5 sols la quarte. En 1701, une demi-quarte est vendue 3 sols 6 deniers. En 1704, la quarte de truffes blanches vaut 4 sols. Cette année-là, Tourton permet à un paysan de faire des pommes de terre dans une de ses propriétés, « à condition qu'il rascra et mettra par quartalée trois charretées de fumier qu'il fournira, et toutes les truffes seront siennes ».

Le curé de Saint-Michel de Chabrillanoux écrit :
« Une récolte qui est fort utile pour les pauvres
« est celle des truffes rouges. »

Le curé de Saint-Etienne-du-Serre dit que sa paroisse produit quantité de « truffes ou pommes « de terre ».

Le curé de Saint-Péray signale aussi, parmi les productions de sa paroisse, « beaucoup de truffes ou topinambours, dont les habitants font la plus grande partie de leur nourriture pendant tout l'hiver (1) ».

Il est à noter que toutes les localités où la culture de la truffe blanche ou rouge, c'est-à-dire de la pomme de terre, est signalée, sont en dehors de la zone calcaire et truffière du Vivarais, où vient la véritable truffe, la truffe noire, qui n'est guère connue à Paris que sous le nom de truffe du Périgord (2).

---

(1) *Collection du Languedoc* à la Bibliothèque nationale, tomes 24, 25 et 26.

(2) Notons ici, en passant, que l'emploi alimentaire de la truffe, dont on n'avait, pour notre pays, aucune citation antérieure à la fin du XVIe siècle, doit être reporté au moins à deux siècles en arrière, puisque le précieux tubercule figure dans les comptes du duc de Berry, signalés par le dernier et si intéressant ouvrage de Siméon

La pomme de terre était également cultivée dans le Velay au milieu du siècle dernier, notamment au Chambon, à Chaspinhac, Coubon, Craponne, Freycenet-Lacuche, Montusclat, Saint-Didier-la-Seauve, Saint-Hostien, le Monastier, Saint-Julien-Chapteuil, Saint-Julien-d'Ance, Saint-Romain-Lachalm, Saint-Voy, Tence, Yssingeaux, etc., etc., ainsi qu'il résulte des lettres des curés de ces paroisses à Dom Bourotte et d'autres documents authentiques publiés par les *Tablettes du Velay* et l'*Inventaire des Archives de la Haute-Loire* (1). Le curé de SaintFront, sous le Mézenc, écrit en 1760 : « Beaucoup de truffoles ou pommes de terre; depuis nombre d'années, les truffoles ont sauvé la vie à nombre des habitants à cause de la disette de blé qui y arrive fort souvent. »

Luce : *La France pendant la guerre de cent ans*. Ces comptes se rapportent à la période de 1370 à 1378 ; c'est dans l'intervalle de temps compris entre ces deux dates que Duguesclin avait reconquis sur les Anglais le Périgord, la Saintonge et l'Angoumois, pays plus anciennement connus que le Dauphiné, le Comtat-Venaissin et le Vivarais par leur production truffière.

(1) Voir les *Mélanges historiques* de l'abbé Payrard. Le Puy, Freydier, 1887.

Le manuscrit des *Annales d'Annonay* constate qu'il y eut en 1767 une abondante récolte de pommes de terre, qui fut d'un grand secours pour la population.

La Tourette, dont le *Voyage au Mont Pilat* parut à Avignon en 1770, dit que la pomme de terre était alors cultivée à Pilat et dans tout le Lyonnais.

Parmentier, dont le premier mémoire n'est que de 1773, est donc venu bien après nos braves paysans de l'Ardèche et du Pilat, ce qui, d'ailleurs, ne doit pas diminuer notre gratitude à son égard, car il eut la gloire, qui n'est pas mince, de populariser la pomme de terre en France et de vaincre les derniers obstacles que l'ignorance ou certains préjugés opposaient à l'extension de cette précieuse culture : beaucoup de gens croyaient, en effet, que la pomme de terre donnait la lèpre !

— Avez-vous remarqué, dit l'Anglais, de quelle façon la Providence sait parfois faire sortir le bien du mal ? Sans la guerre où Parmentier fut fait prisonnier et sans la famine de 1771, qui fit sentir en France la nécessité de rechercher de nouvelles substances alimentaires, ce pharmacien illustre n'aurait probablement jamais apprécié la pomme de terre comme elle le mérite, et sa popularisation en France, tout au moins, eût été encore ajournée, ce qui eût empêché plus de naissances que plusieurs guerres ne pouvaient occasionner de morts. La pomme de terre vit sous tous les climats, de préférence cependant dans les climats tempérés comme le vôtre, et nous nous étonnons, en Angleterre, que les Français n'en tirent pas un meilleur parti (1). Je ne lui fais qu'un reproche, c'est de servir au *gin* qui empoisonne tant de fidèles sujets de la reine ; mais ce n'est pas sa faute. De quoi n'abuse-t-on pas en ce monde ? Cette réserve faite, je revendique pour mes compatriotes l'honneur d'avoir trouvé le meilleur emploi de la divine solanée : la viande rôtie, avec la pomme de terre sera toujours un régal des dieux, l'aliment qui convient le mieux à nos pauvres estomacs.

Diana avait cueilli une fleur de solanée. Elle la mit à la boutonnière de son père, en lui rappelant

---

(1) Dans un récent ouvrage, publié en 1889 chez Gauthier-Villars, à Paris, le professeur Aimé Girard démontre que la France est bien en arrière de l'Allemagne sous le rapport de la production des pommes de terre. — La production française, évaluée à 115 millions d'hectolitres, ne correspond qu'à un rendement de 75 quintaux à l'hectare, tandis qu'en Allemagne on arrive à 200 et 300 quintaux. Nos pommes de terre sont aussi moins riches en fécule que les pommes de terre allemandes, ce qui paraît tenir surtout à la qualité inférieure des plants.

que, pour encourager l'utile propagande de Parmentier, toute la cour de Louis XVI prit un jour cette décoration. Chacun s'empressa d'imiter cet exemple. Lord Socrate saisit l'occasion pour célébrer les bienfaits du libre-échange, cette grande réforme européenne opérée par l'Angleterre qui, dit-il, a complété la révolution du bien être général, commencée par la pomme de terre.

Qui n'a été frappé, dit-il, de la fréquence des disettes et des épidémies dans l'histoire, l'une portant l'autre ? Grâce à la reine des solanées, aux facilités de transport, et surtout à la liberté du commerce, notre siècle a vu se réaliser sur ce point une amélioration immense.

Sans doute on n'a pas supprimé la grêle, les excès de chaud et de froid, de pluie et de sécheresse, et il y aura toujours des mauvaises récoltes, mais elles ne frappent que des espaces limités, et la vapeur et le libre-échange ne permettent plus le retour de véritables disettes. S'il y a encore des gens qui meurent de faim, il y en a peu et il est rare qu'il n'y ait pas de leur faute. Je ne méprise pas les grands arbres et les fleurs des jardins. Tous les végétaux ont leur utilité et leur poésie ; mais j'avoue que Cérès me touche plus que Flore. Les champs de blé et de pommes de terre se présentent toujours à mon esprit comme les grands nourriciers de la masse humaine, ceux à qui nous devons le plus de reconnaissance. Si les Romains avaient connu la pomme de terre, ils lui auraient certainement élevé des autels, en la personnifiant dans quelque déesse supérieure à toutes les autres. Ils auraient sans doute élevé aussi au rang des dieux Richard Cobden, qui a fait prévaloir la liberté du commerce, et Stéphenson, qui est le véritable inventeur de la navigation à vapeur et des chemins de fer.

Je protestai, au nom de notre pays, contre la part exclusive faite à Stéphenson dans la création de l'industrie des chemins de fer, en rappelant que l'invention de la chaudière tubulaire, c'est-à-dire de l'instrument essentiel de la locomotion à vapeur à grande vitesse, appartenait à Marc Seguin, et lord Socrate s'empressa de reconnaître que le génie français avait largement contribué à l'immense révolution économique opérée depuis un demi-siècle dans la physionomie du monde civilisé.

Pendant que nous dissertions, miss Diana crayonnait dans son album, en portant ses regards alternativement sur le commis-voyageur et sur une pomme de terre que le chasseur venait d'extraire du sol.

On sait que le précieux tubercule, qui n'est pas, en botanique, ce qu'on appelle un fruit, mais un simple renflement de la tige souterraine, est garni d'un certain nombre de bourgeons, lesquels, mis en terre, sont le germe de plants nouveaux.

— Avez-vous vu semer des pommes de terre? demanda lord Socrate à Chabourdin.

— Oui, et j'ai remarqué qu'un tubercule, coupé en plusieurs morceaux, pouvait produire autant de plants qu'il avait d'yeux.

— Avez-vous jamais vu un de ces yeux se tromper et, au lieu de pomme de terre, produire, par exemple, un lilas ou un poirier?

— Non, dit Chabourdin, mais pourquoi m'en étonner? La Nature a mis dans tous ces germes le pouvoir de se reproduire, et ils en usent...

A ce moment, miss Diana me passa son album, et Chabourdin, lui-même, ne put s'empêcher de rire en voyant le dessin que venait de crayonner la fille d'Albion.

Il était fort bien représenté au milieu de la page, en face de la grosse pomme de terre qui le regardait de tous ses yeux, avec ces mots au bas : *Observe and try to understand* (1) !

— Ce que je comprends le mieux, dit galamment Chabourdin, c'est que miss Socrate dessine avec infiniment d'esprit et qu'on ne peut qu'être honoré de se trouver au bout de son crayon.

---

(1) Voyez et cherchez à comprendre,

VII

AU BESSAT

Les muletiers. — Le déjeuner à l'auberge. — Les œufs et les pommes de terre. — A quoi on reconnaît un vrai rationaliste. — Un enfant atteint du croup. — Chabourdin se plaint du bon Dieu et veut changer le monde. — Comme quoi le monde ne se comprend pas sans la maladie et la mort. — Utilité de la maladie.

Le Bessat, où nous arrivâmes, est le plus élevé des points habités du Pilat. Le village est à 1,200 mètres d'altitude. Ce lieu a été autrefois une station muletière très fréquentée. C'est par là que les mulets apportaient, dans des outres, le vin du Rivage, c'est-à-dire des bords du Rhône, en étant obligés parfois de se créer une voie sur les neiges amoncelées. On raconte qu'un hiver, la neige ayant recouvert entièrement le village, les muletiers passèrent sur lui sans s'en apercevoir et qu'une de leurs bêtes ayant perdu un fer, celui-ci fut retrouvé plus tard sur le toit de l'église.

Ceci me rappelle qu'il y avait autrefois, en Vivarais, les muletiers du vin et les muletiers de la soie. Les premiers montaient le vin sur le plateau central par toutes les vallées qui, partant du bas Vivarais ou des bords du Rhône, aboutissent à la crête des Cévennes. Les seconds avaient pour mission de faire communiquer Aubenas, le grand marché des soies du bas Vivarais, avec Lyon et Saint-Etienne. Ils passaient par Antraigues, le col de Mézilhac, le Cheylard, Saint-Agrève et Saint-Bonnet-le-Froid. Une famille de muletiers célèbres dans le pays, celle des Merlaton, a eu le monopole de ce commerce pendant de longues années, et comme la soie était une marchandise plus précieuse que le vin, les muletiers en question avaient besoin de se précautionner un peu plus que les autres contre les mauvaises rencontres. On raconte au Cheylard de jolies histoires de brigands sur ce sujet (1).

La commune du Bessat est de formation récente. Jusqu'en 1832, cet endroit dépendait de la Valla.

L'exercice et le bon air nous avaient donné grand appétit. Nous déjeunâmes à l'auberge du lieu : du beurre, du salé, des œufs, des pommes

---

(1) Voir notre opuscule sur les *Muletiers du Vivarais et du Velay*, Lyon 1888.

de terre, un poulet et un *Bessatin*, c'est-à-dire du fromage de la localité, le tout arrosé d'un vin clairet du Rivage, voilà le modeste menu auquel tout le monde fit honneur.

— Vous permettez ! dit Chabourdin à l'Anglais quand on lui servit un œuf.

— Où en serions-nous, dit gaiment lord Socrate, s'il fallait philosopher sur tout ce qu'on mange ?

— Il est de fait, dis-je, qu'on n'en finirait pas : tout est mystère dans ce monde et nous sommes le plus grand de tous.

— L'essentiel, dit Chabourdin, c'est que l'œuf soit frais. N'importe, avant d'avoir eu l'honneur de vous rencontrer, milord, je ne croyais pas que les œufs eussent donné lieu à d'autre question que le fameux litige culinaire, à savoir si ce sont les œufs ou les pommes de terre qui se prêtent à un plus grand nombre d'accommodements. Miss Diana voudrait-elle me permettre de lui demander ce qu'on pense là-dessus en Angleterre ?

— Je n'ai jamais entendu dire, répondit la jeune fille, que personne dans notre pays se soit préoccupé de cette grave question. Dans tous les cas, on l'eût posée autrement, c'est-à-dire comme un simple terrain de course ouverte à l'imagination des cuisiniers.

Chabourdin s'étant remis à célébrer la science,

à se déclarer libre-penseur et rationaliste, l'Anglais lui dit :

— Il faudrait peut-être s'entendre, monsieur. Moi aussi je suis libre-penseur et rationaliste, et cependant nos idées ne concordent guère. A quoi reconnait-on que l'on est vraiment rationaliste?

— C'est bien simple, répondit le commis-voyageur. Croyez-vous à un dogme quelconque? Etes-vous d'une religion ? Si oui, vous n'êtes ni libre-penseur ni rationaliste.

— Oh! oh! dit l'Anglais, voilà ce que vous ne feriez comprendre à personne en Angleterre; car enfin, si ma pensée, s'exerçant aussi librement que la vôtre, me conduit à croire à un dogme, si ma raison, qui peut-être en vaut bien d'autres, me décide à adhérer à une religion, je ne vois pas de quel droit vous mettriez ma pensée et ma raison hors la loi. Après tout, s'il vous plaît en France d'accaparer ces beaux mots de libre-penseur et de rationaliste pour désigner le scepticisme et l'irréligion, c'est votre affaire. Laissez-moi cependant vous dire qu'en Angleterre, tout en étant généralement religieux, nous ne croyons pas pour cela manquer de raison ; de même que, tout en étant de loyaux sujets de la reine, nous nous croyons beaucoup plus libéraux au fond et même plus républicains que vous.

— Pour moi, dit le chasseur, je trouve ce langage si plein de bon sens que je demande à Monsieur et à Mademoiselle de porter un toast aussi respectueux que sincère à leur santé.

On choqua les verres comme des Auvergnats et Chabourdin ne fut pas le moins empressé, sans paraître autrement se soucier de la petite leçon qu'il venait de recevoir.

— Toutes les opinions sont libres ! se borna-t-il à dire pour sa défense. A votre santé, milord ! Et bien respectueusement à votre santé, mademoiselle.

— Je suppose, dis-je alors à l'Anglais, que notre spirituel compagnon de voyage est beaucoup plus malin qu'il ne veut le paraître; il a sans doute voulu simplement vous fournir l'occasion de relever une des bêtises les plus solennelles et les plus courantes de notre pays. En somme, nous sommes tous ici libre-penseurs, seulement chacun l'est à sa façon et comme *quot capita tot sensus*, il est assez naturel que notre pensée, bien que n'étant comprimée par aucun tyran, aboutisse à des conclusions différentes.

Quand on se leva de table, l'aubergiste, qui avait entendu Chabourdin me qualifier de docteur, m'arrêta et dit :

— Oh ! monsieur, si vous êtes médecin, c'est la Providence qui vous envoie. Il y a ici une pauvre femme qui se désole sur son enfant qui est bien malade. Vous feriez un acte de charité en allant lui donner vos soins.

— De grand cœur, répondis-je.

Lord Socrate, sa fille, le chasseur et Chabourdin lui-même voulurent m'accompagner. On nous conduisit dans une pauvre chaumière. Une femme assise dans un vieux fauteuil de bois à dossier, ce qu'on appelait autrefois l'archibanc ou le fauteuil du grand-père, tenait dans ses bras un pauvre petit de cinq à six ans dont la figure anxieuse, la respiration difficile, la toux rauque, le cou gonflé, indiquaient assez le mal terrible qui l'avait saisi. J'inspectai la gorge et reconnus le croup. Je fis aussitôt prendre au petit malade un énergique vomitif qui produisit un certain soulagement. J'employai tous les autres moyens usités en pareil cas.

La douleur de la pauvre femme faisait mal à voir. O mon Dieu ! sauvez mon enfant ! criait-elle en s'accrochant à mes vêtements.

Miss Diana lui dit: Il faut avoir confiance dans la puissance de Dieu qui est là haut !

Nous sortîmes très émus, en laissant à la mère toutes les instructions nécessaires, et miss Diana y ajouta une petite somme destinée à l'achat des médicaments.

— Hélas! dis-je en sortant, la malheureuse mère a bien raison d'invoquer Dieu, car la guérison, dans des cas pareils, est presque toujours au-dessus des ressources actuelles de la science. Nous avons fait le possible, mais il est bien à craindre que le mal soit plus fort que nous.

Un moment après, lord Socrate dit à Chabourdin :

— Vous avez entendu, monsieur, le mot qui est sorti de lui-même des lèvres de la mère. Vous avez pu remarquer qu'elle n'a pas dit : O Nature! mais : O mon Dieu ! C'est le nom qui vient à chacun de nous dans les situations critiques, quelles que soient les opinions qu'on a pu professer auparavant. C'est le cri du cœur et le cri de la nécessité : le cri dans lequel, pour un vrai philosophe, se résument toutes les preuves de l'existence d'un Etre supérieur d'où dépendent la vie et la mort.

— Je plains autant que vous, dit Chabourdin, la pauvre femme. Mais le spectacle dont nous venons d'être témoin fait naître en moi des réflexions toutes différentes des vôtres. Si vous voulez me permettre d'interroger à mon tour, je vous prierai de me dire pourquoi Dieu, qui, selon vous, est souverainement bon et souverainement puissant, envoie de pareilles maladies à de pauvres enfants et de pareilles tortures à leurs mères ?

— J'applaudis au bon sentiment qui vous fait parler, répondit lord Socrate, mais je me demande si vous avez bien réfléchi à la portée du vœu qu'il implique.

— Est-il besoin de réfléchir pour désirer la santé pour tous, une santé inaltérable, perpétuelle ?

— Ce qui veut dire la suppression absolue de la maladie ?

— Sans doute.

— Et de la mort ?

— Pourquoi pas ?

— Bravo ! Je vous comprends d'autant mieux, monsieur Chabourdin, que, lorsque j'étais jeune, bien jeune, j'ai pensé sur ce point comme vous. J'ai adressé à Dieu le même reproche. Je l'ai accusé d'injustice et de cruauté.

— Et vous l'avez excusé depuis ?

— Il m'a répondu comme il vous répondra sans doute à vous-même, en me laissant vivre assez pour me donner le temps de réfléchir et de reconnaître l'énormité de mes vœux et mon aveuglement. Voyons, monsieur Chabourdin, ne comprenez-vous pas que le monde moral, comme le monde physique, est basé précisément sur ce qui vous indigne si fort, c'est-à-dire sur la douleur, la maladie et la mort ? Est-ce que le bonheur, la santé, la vertu, pourraient se comprendre sans ces principes mystérieux qui font partie intégrante de la destinée humaine ?

De même que nous ne pouvons concevoir :
Le chaud sans le froid,
Le sec sans l'humide,
La lumière sans les ténèbres,
La plaine sans la montagne,
La force sans la faiblesse,
La beauté sans la laideur,
La terre sans le ciel ;

De même il est impossible de se figurer le monde et l'humanité sans ce mouvement de renouvellement perpétuel qui comprend tous nos sujets de joie et de douleur et qui semble la première condition de notre existence.

Plus on approfondit le monde et la vie, plus on découvre que tout s'y tient et qu'il est impossible d'en éliminer une partie sans ébranler tout le reste.

Avez-vous un système meilleur à mettre à la place ? Nous pouvons trouver que celui-ci n'est pas de notre goût, mais le fait est qu'il existe. Le fait est que son agencement indique une intelligence profonde.

Toute notre science consiste à découvrir graduellement et bien lentement les lois qui président à son fonctionnement. Nous ne marchons avec quelque sûreté que sur la ligne des jalons résultant de ces découvertes successives. Avant de le juger, nous avons à l'expliquer, et il semble que la besogne sera longue. Nous croyons y voir des contradictions : mais ce mot, appliqué au monde, n'a pas de sens. Les contradictions sont simplement des faits qui dépassent les bornes de notre esprit. Ce sont des mystères, et le monde en est plein. Au lieu de nier, n'est-il pas plus sage de s'incliner devant eux et d'en chercher le sens, si cela est possible, autrement que dans la voie de suppositions fâcheuses pour la suprême direction de tout ce qui existe.

Notez que chaque conquête de la science humaine est marquée par des clartés qui font paraître cette puissance encore plus grande et plus intelligente. Plus nous apprenons et plus nous reconnaissons que nous sommes ignorants, car le domaine de nos recherches s'agrandit encore plus vite que nos moyens de recherche. Voilà, monsieur Chabourdin, par quelle série de pensées et de raisonnements j'en suis arrivé à croire qu'il est puéril de récriminer contre Dieu et de vouloir changer le monde, lors même qu'on se trouve en présence de faits aussi douloureux que celui dont nous venons d'être témoins.

— Peut-être, dis-je à mon tour, peut-on se permettre quelques réflexions qui, sans expliquer le mystère, en laissent entrevoir le but. Avez-vous été quelquefois malade, monsieur Chabourdin ?

— Jamais! fort heureusement! J'ai une santé qui peut narguer tous les médecins.

— Je vous en félicite et je désire que cela dure! Cette santé de fer m'explique un peu votre état d'esprit. Généralement la maladie est un frein, un avertissement; elle fait réfléchir, elle nous rend plus sensibles aux peines d'autrui.

Qui ne sait compâtir aux maux qu'il a soufferts!

dit le poète. Elle nous fait toucher du doigt qu'il existe une puissance supérieure et que nous sommes, avec toutes nos richesses, tout notre orgueil, de bien petits garçons devant ce terrible inconnu qui tient notre vie au bout de ses doigts. Elle fait penser les plus légers et philosopher les moins philosophes. Et, permettez-moi de le dire, M. Chabourdin, il est fâcheux qu'on n'ait jamais été malade, non seulement à cause de ce que je dis, mais aussi parce que c'est le seul moyen de faire apprécier le bonheur de la santé.

— Il faut conclure de vos paroles, dit le chasseur, que l'état de santé est encore le plus général; car les hommes sont, en général, bien fous, désagréables, souverainement batailleurs...

— Que serait-ce, répliquai-je, si la maladie et la mort n'étaient pas là? Vous imaginez-vous ce que serait l'Europe avec des santés assurées contre le temps, contre toutes les sottises et tous les excès ? Plus on y songe, plus on reconnait, ce me semble, que la maladie et la mort sont la sanction inévitable des lois morales qui régissent l'humanité ; et que, d'ailleurs, comme l'a fort bien dit lord Socrate, le monde ne se comprend pas sans ces deux terribles gendarmes du bon Dieu.

— Mais pourquoi le bon Dieu a-t-il créé ainsi le monde ?

— Oh ! monsieur, dit le chasseur, vous êtes vraiment bien curieux. C'est comme si les renards, quand je les poursuis, s'avisaient de m'en demander les raisons. D'ailleurs, il me semble qu'on vous a déjà répondu.

Décidément, me dit le chasseur à l'oreille, quand nous partîmes pour la Grange de Pilat, ce commis-voyageur n'a pas inventé la poudre. Je pense qu'en le qualifiant de spirituel, vous vous êtes souvenu des Grecs qui donnaient aux Furies le nom d'Euménides. Vous voyez que je n'ai pas perdu tous nos souvenirs du collège. Je me souviens aussi des vers de Boileau :

> Mais que ne pardonne-t-on pas
> Pour Armide et pour Herminie !

Allons, dit-il gaîment, la jolie Anglaise fera passer le lourd commis-voyageur. Et me voilà condamné jusqu'à nouvel ordre à n'être qu'un chasseur de renards !

VIII

LA GRANGE DE PILAT

Auberge et ferme de montagne.— La cloche des égarés. — Jean-Jacques Rousseau à la Jasserie en 1769. — Claret de la Tourette. — Où l'on voit que Chabourdin se faisait une idée fort inexacte des opinions de Voltaire et de Rousseau. — La chienne du chasseur.

Pour aller au Crêt de la Perdrix et à la Grange de Pilat, il faut, à 600 mètres environ au-delà du Bessat, abandonner la grand'route et prendre un sentier à gauche, sentier naguère inaccessible aux voitures, mais qui a été transformé, depuis deux ou trois ans, en un charmant chemin forestier. M. de Rochetaillée, après s'être entendu avec tous les propriétaires intéressés, se chargea, moyennant l'abandon du terrain, d'exécuter l'entreprise à ses frais, et le chasseur nous dit qu'elle ne lui avait pas coûté plus de vingt mille francs. M. de Rochetaillée est un des plus grands propriétaires de la région : outre la Jasserie (grange de Pilat), à laquelle ce chemin aboutit, on nous montra d'autres grandes fermes qui lui appartiennent sur les territoires du Bessat et de Tarentaise.

Grâce à ce chemin, on peut aller aujourd'hui en voiture du Bessat à la Grange en moins d'une heure et en revenir dans une demi-heure. Est-ce un bien ? Je ne sais pas si tous les touristes qui l'ont parcouru répondraient affirmativement, car on ne saurait imaginer une plus délicieuse promenade pendant la belle saison, et il semblerait plus raisonnable de l'allonger que de la raccourcir. La voie serpente, jusqu'au pied du Crêt de la Perdrix, dans une forêt de sapins dont les balsamiques odeurs impressionnent agréablement le nez et les poumons du touriste le plus indifférent ; on se croirait transporté dans une autre atmosphère, et l'on se demande pourquoi tous les malades de la poitrine ne viennent pas chercher ici la santé.

La forêt recouvre une immense prairie d'airelles du plus beau vert. Nous remarquâmes que cet arbuste vient moins bien dans les éclaircies; il lui faut l'ombre des arbres.

Le chasseur cueillit un joli bouquet d'airelles, alors en pleine maturité, et l'offrit à miss Diana qui le remercia avec un gracieux sourire.

Dès qu'on sort du bois, on aperçoit sur sa droite le mamelon appelé le Crêt de la Perdrix, qui constitue le point le plus élevé du Pilat (1,434 mètres).

C'est de ce sommet qu'on a la plus belle vue vers l'ouest, mais c'est au Pic de l'Aillon ou à celui des Trois-Dents qu'il faut aller pour jouir du plus beau panorama sur la vallée du Rhône.

La Grange dite la Jasserie, ce qui, paraît-il, veut dire une fromagerie, est sur la gauche du Crêt de la Perdrix, dans une combe ouverte au nord-ouest. L'altitude de la Grange est de 1,307 mètres. Comme nous étions partis assez tard du Bessat et que nous avions beaucoup flâné en route, il faisait presque nuit quand nous arrivâmes à la Grange. Le chasseur était un des grands habitués de l'endroit, ce qui ne gâta rien à l'accueil que nous y reçûmes.

La Grange est autant une auberge qu'une ferme et est mieux installée que beaucoup d'auberges de montagne. Il y a, pour recevoir les voyageurs, deux ou trois chambres outre les lits-placards, dans le corps de logis principal, et c'est là qu'on logea lord Socrate et miss Diana, tandis qu'on donnait aux autres, c'est-à-dire au chasseur, à Chabourdin et à moi, trois chambres situées de l'autre côté de la cour, dans une sorte de pavillon rectangulaire, divisé en cinq pièces, donnant toutes sur une galerie en bois. On nous dit que les deux autres pièces étaient déjà occupées, l'une par un prêtre et l'autre par un paysan. Quand le nombre des voyageurs excède celui des chambres, ce qui n'est pas rare, la fénière devient un vaste dortoir où d'ailleurs l'on est fort bien.

Au milieu de la ferme est une petite tour carrée, pourvue d'une cloche d'un beau timbre, qui sert à appeler les ouvriers et qu'on sonne aussi dans les mauvais temps pour guider les voyageurs : *C'est la cloche des égarés.* Les cloches jouent un grand rôle dans les pays de montagne, et quand on songe qu'outre leur caractère sacré, elles sont d'une utilité qu'on peut dire indispensable aux communes dont les habitants sont disséminés sur une vaste étendue de terrain, on comprend la lourde faute que commit la Révolution en privant les paroisses de ce grand et sonore porte-voix.

Après avoir pris possession de sa chambre, chacun revint pour souper dans la grande salle qui sert de cuisine et de salle à manger.

Chabourdin était fatigué, et cela se voyait à un mutisme qui n'était pas dans ses habitudes et dont il ne sortit guère que pour se plaindre de la frugalité du souper qui nous fut servi. Il soutint qu'on dînait beaucoup mieux à l'hôtel du Righi, en quoi nous nous gardâmes de le contredire, nous bornant à lui répondre que ce n'était pas pour faire un bon repas qu'on venait au Pilat, et que les œufs, le beurre et le fromage de la Grange, sans compter l'eau si pure de la montagne, devaient suffire amplement à un vaillant touriste comme lui.

Lord Socrate fit observer que si la cuisine était plus soignée à l'hôtel du Righi, les mets n'étaient pas meilleurs pour cela, ou du moins qu'on ne les mangeait pas plus volontiers, parce qu'on y arrivait trop facilement en chemin de fer, tandis que la course du Bessat à la Grange et l'air vif du Crêt de la Perdrix donnaient aux mets grossiers qu'on nous servait une saveur incomparable.

Le fermier ne manqua pas de nous dire que J.-J. Rousseau était venu à la Grange. Il résulte d'une inscription qui existe encore, dans l'une des chambres, que le philosophe de Genève y coucha en juillet 1769, après avoir herborisé sur la montagne. Les notables de Doizieu, prévenus de sa présence, allèrent, avec le notaire Perrier en tête, pour complimenter l'illustre écrivain ; ils le trouvèrent assis par terre, occupé à effeuiller des fleurs, et il se contenta de leur dire : « Auriez-vous par hasard rencontré mon chien que j'ai perdu dans la forêt ? » Le notaire Perrier ne put placer le discours qu'il avait préparé, et Seytre de la Charbouze raconte qu'il ne s'en consola jamais.

Rousseau parle de cette excursion dans plusieurs de ses lettres d'août et septembre 1769. Il était parti de Bourgoin avec trois compagnons dont un médecin. Ceux-ci crurent lui être agréables en le cajolant, et leurs façons le rendirent maussade. Il trouva à la Grange de Pilat un très mauvais gîte : pour lit, du foin mouillé, hors un seul matelas rembourré de puces. Son chien Sultan fut à demi massacré par un autre et disparut. Il fut très mécontent de sa récolte, étant venu trop tard pour les fleurs et trop tôt pour les graines. Enfin il se foula la main droite en faisant une chute à son retour. Aussi ne garda-t-il qu'une impression peu favorable de ce voyage (1).

L'année précédente il avait herborisé sur les montagnes de la Grande-Chartreuse avec Claret de la Tourette. Voici ce qu'en dit ce dernier dans son *Voyage au Mont Pilat* :

« Depuis que ceci est écrit, j'ai eu lieu de faire usage des excellentes notes qui m'ont été fournies sur quelques espèces tardives du mont Pilat, par un homme célèbre qui, après avoir percé d'un œil philosophique les replis du cœur humain, n'a pas cru qu'il fût indigne de lui de fixer ses regards sur des herbes et sur des mousses (2).

D'après les biographies générales, la famille de Claret de la Tourette était une branche de celle des Rivoire de la Tourette, du Vivarais. A la suite de son excursion à la Grande-Chartreuse, Rousseau écrivait à du Péron : « Que n'étiez-vous

---

(1) MULSANT. *Souvenirs du Mont Pilat.*
(2) *Voyage au Mont Pilat*, p. 106.

des nôtres ? Vous trouveriez dans notre guide, M. de la Tourette, un botaniste aussi savant qu'aimable, qui vous ferait aimer toutes les sciences qu'il cultive. »

Une autre tradition locale veut que Rousseau ait couché à Virieu (au-dessus de Pélussin), dans la maison Lentillon. Mais, comme rien dans ses écrits ne confirme le fait, il est sage de ne l'accepter que sous réserve. Nos honnêtes bourgeois campagnards émettent souvent, de très bonne foi, des assertions fort contestables. Toute histoire, fréquemment répétée, prend à leurs yeux un caractère authentique. Pour nous servir d'une expression vulgaire, ils sont trop prompts à croire que c'est arrivé. Nous nous souvenons d'un respectable vieillard d'Annonay qui, chaque fois qu'il était question de Moras en Dauphiné, ouvrait gravement la bouche pour rappeler que César avait dit dans ses Commentaires: *Inter Aurum et Argentum faciamus Moras* (1).

Cette citation nous fit, dès la première fois, ressauter, car César fait à peine aux plus grands

---

(1) L'*Oron* est un ruisseau de la Drôme, qui vient du côté de Beaurepaire et se jette dans le Rhône à Saint-Rambert. L'*Argentelle* est un autre ruisseau de la même région qui passe à Anneyron.

fleuves de la Gaule l'honneur de les nommer, et cette apparition de deux méchants ruisseaux dans une prose qui, d'ailleurs, ressemble fort peu à la facture conquérante de la sienne, était bien faite pour nous mettre en défiance. Néanmoins, quand nous nous fûmes assuré qu'il n'y avait rien dans César qui ressemblât de près ou de loin à cette phrase, il nous fut impossible d'en convaincre notre digne interlocuteur. Dame, il tenait cette étymologie des autorités les plus anciennes et les plus compétentes du pays : il y avait donc prescription, vérité acquise — et je crois qu'il nous a toujours su mauvais gré d'avoir combattu son illusion.

Chabourdin, qui avait retrouvé sa langue au dessert, grâce à une bouteille de bon vin, ne manqua pas l'occasion de parler à tort et à travers du philosophe de Genève, dont il associa naturellement le nom à celui de Voltaire pour les proclamer grands hommes et surtout grands républicains.....

— Etes-vous bien sûr, dit l'Anglais, que Voltaire fût républicain ?

Chabourdin parut assez étonné d'apprendre le contraire, et nous eûmes quelque peine à lui faire comprendre que Voltaire était l'ami du roi de Prusse et de bien d'autres tyrans de son siècle, un aristocrate fieffé, qui, très probablement, aujourd'hui criblerait de lardons certaine République et surtout certains républicains.

— Vous savez aussi sans doute, ajoutai-je, que, tout en combattant les superstitions, Voltaire croyait à Dieu autant que personne, et c'est même de lui que vient le mot fameux que, si Dieu n'existait pas, il faudrait l'inventer.

Voltaire protestait contre le Dieu de certaines gens et surtout contre les abus auxquels malheureusement la religion a servi souvent de prétexte, mais il ne tomba jamais dans les négations insensées de notre temps. Ses violences et ses exagérations s'expliquent par le caractère militant d'une époque où l'on pouvait trop souvent confondre le pouvoir spirituel avec les tyrannies temporelles. On a passé, depuis, d'un excès à l'autre. Le clergé, vilipendé et persécuté, a pris le beau rôle, et ce sont ses détracteurs qui sont devenus odieux et ridicules.

Quant à Rousseau, il était encore plus déiste que l'autre, et il est certain qu'il ne considérait pas l'idée de la divinité comme une simple invention des prêtres. Sa philosophie, pour être peu cléricale, n'en était das moins très spiritualiste.

En politique, M. Chabourdin, vous auriez encore plus de peine peut-être à vous entendre avec lui, car Rousseau, tout partisan qu'il fût, au moins en paroles, d'une égalité chimérique, avait fort bien compris ce que si peu de gens comprennent encore de nos jours, savoir que les formes gouvernementales sont en raison de la capacité politique et de l'avancement moral des peuples et que chacun d'eux n'a que le gouvernement qu'il mérite. Cette pensée ressort clairement de la phrase où il dit que le meilleur gouvernement dans un pays est le pire en d'autres, par où l'on voit qu'il ne serait pas ce qu'on appelle un *républicain quand même*, t qu'avant de prendre parti pour ou contre le régime existant, il commencerait par se demander, d'abord si ce régime vaut réellement mieux que les autres, et ensuite si le peuple est digne des libertés dont il jouit.

— Vous me gâtez joliment mon Rousseau, dit Chabourdin, et cela au moment où devant dormir sous le toit qui a abrité ce grand homme, j'allais certainement rêver de lui.

— Rêvez-en, M. Chabourdin. Malgré ses fautes et ses sophismes, Rousseau est, non seulement un des grands écrivains, mais aussi un des grands penseurs de notre temps. Il abonde en observations justes et nul ne sait mieux ciseler les produits de sa pensée. Ses erreurs proviennent moins de lui-même que du milieu où il a vécu et des circonstances qui ont pesé sur sa vie. Son amour de la nature et son indépendance de caractère doivent lui faire pardonner bien des péchés.

Au moment d'entrer dans ma chambre, je trouvai le chasseur, l'œil et l'oreille au guet sur la galerie, surveillant les allées et venues de Vesta dans la cour.

La chienne aspirait l'air d'une façon particulière et dressait les oreilles comme si elle sentait l'approche d'un ennemi.

— Remarquez, dit le chasseur, que le vent vient de là haut. (Il me montrait un bois de hêtres adossé au Crêt de la Perdrix.) C'est de là que descend habituellement le renard ou la fouine, quand il y a des poules à croquer par ici.

Il siffla Vesta, qui vint se coucher à la porte de sa chambre sur la galerie, mais non sans manifester le désir d'aller ailleurs et en continuant à donner des signes d'agitation.

— Allons ! dit le chasseur en me souhaitant le bonsoir, il faudra ne dormir que d'un œil cette nuit, pour mériter le titre de chasseur de renards dont m'a si gentiment décoré notre aimable compagne.

— Il me semble, fis-je en souriant, qu'elle vous plaît ?

— Oui, répondit-il, comme la fleur qu'on aperçoit au sommet d'un rocher inaccessible, qu'on admire un jour et qu'on ne reverra plus.

IX

UNE MATINÉE SUR LE CRÊT DE LA PERDRIX

La chasse au renard. — Les *chirats*. — Géologie du Pilat.
— Les soulèvements insensibles de la terre. — Le
lever du soleil. — Idée générale du Pilat. — Ses
rivières. — Le patois local. — Le canton de Bourg-
Argental.

A l'hôtel du Righi, les touristes sont réveillés une demi-heure avant le lever du soleil par un montagnard helvétien, qui joue sur sa cornemuse un ranz des vaches quelconque et se tient ensuite à la sortie pour recevoir les offrandes dans son chapeau.

Ce détail pittoresque manque à la Grange de Pilat pour bien des raisons dont une suffira : c'est que le musicien ne ferait pas ses frais. En revanche, nous eûmes un réveil que n'aura jamais le sommet trop civilisé du Righi pendant la belle saison : un réveil à coups de fusil, suivi d'un concert d'aboiements furieux ; bref, tout le bruit, sinon le spectacle, car le jour n'était pas encore levé, de la chasse à une bête sauvage.

Les pressentiments du chasseur avaient été confirmés. Vesta, flairant l'ennemi des volatiles qui faisait le tour de la Grange, avait, par ses grognements significatifs, réveillé son maître et, pendant que nous dormions, celui-ci s'était mis si heureusement à l'affût, qu'il avait atteint le brigand.

Tout le monde s'était habillé à la hâte, le fermier et ses domestiques aussi bien que les touristes.

Le berger courait dans la cour après ses moutons effarés, tandis que le bouvier rassurait les vaches frémissantes.

Le fermier ayant allumé dans la cuisine l'antique lampe à huile dite *chalel*, dont on retrouve le modèle dans les tombes romaines, attendit là les détails de l'incident qui, d'ailleurs, ne se firent pas attendre, car, au moment même où Chabourdin et moi traversions la cour, où l'Anglais et sa fille descendaient de leur chambre, où bergers et valets de ferme accouraient à la cuisine comme au quartier général, le chasseur rentrait du dehors avec Vesta et les chiens de la ferme qui, naturellement, avaient voulu être de la partie.

Les chiens avaient rejoint vers la source du Gier le renard mortellement blessé, et quelques égratignures saignantes à leur cou ou à leur museau témoignaient que l'ennemi ne s'était pas rendu sans combat.

— Oh ! le gredin ! s'écria le fermier, je ne m'étonne pas qu'avec un museau si pointu, de si longues dents et une si belle queue il m'ait dévoré tant de poules... Quelle belle corbeille d'œufs je vous dois, monsieur le chasseur !

— Vous les devez à mademoiselle, répondit celui-ci. Le titre de grand chasseur qu'elle m'a décerné hier m'a porté bonheur, et c'est à ses pieds que je mets la dépouille de la bête.

Miss Diana remercia le chasseur ; puis, apprenant que les paysans dans le pays, quand ils tuent un renard, le promènent dans les villages et font ainsi d'abondantes quêtes d'œufs, proposa de donner le corps du maraudeur au berger pour qu'il profitât de l'aubaine.

Or, il se faisait temps de partir si l'on voulait arriver au sommet du Crêt de la Perdrix pour le lever du soleil.

L'ascension fut l'affaire d'une demi-heure. Le Crêt de la Perdrix n'est ni un pic pointu comme le Gerbier-de-Jonc ou le Puy de Sancy, ni un de ces beaux dômes phonolitiques comme le Mezenc et les sommets environnants, mais un large mamelon aux formes harmoniques, dont la charpente de granit a été recouverte par le gazon, ce qui n'est pas le cas des montagnes calcaires du Bas-

Vivarais, émergées depuis moins longtemps et sur lesquelles les influences atmosphériques n'ont pas encore eu le temps de passer leur vert niveau. Le plus haut sommet seulement est resté réfractaire à tous les efforts de la végétation. Il est formé, dans un rayon de cent mètres environ, de gros blocs de rocher à cassure anguleuse et parfois tranchante, sur lesquels la marche est très pénible. C'est ce qu'on appelle un *chirat*, où quelques personnes ont voulu voir des débris de constructions humaines, mais qui n'est visiblement qu'un effet des écroulements du granit, remontant peut-être aux temps géologiques. Comme la neige couvre ces sommets deux ou trois mois de l'année, le gel persistant les abrite contre la plus active des causes de destruction de la roche, laquelle consiste dans les alternatives successives de gel et de dégel. Les sommets de Roche-de-Vent, au-dessus d'Annonay, présentent les mêmes éboulis de rocher, à angles tranchants, et on les retrouve aussi sur les pointes granitiques du Tanargue ; tandis que le Mezenc et les montagnes environnantes, formés de ces *lauzes* que l'on emploie à la toiture des maisons, ont une toute autre physionomie.

A ceux qui s'étonneraient que les interstices de ces blocs rocheux, au Crêt de la Perdrix et à Roche-de-Vent, n'aient pas encore été remplis par la terre formée de leurs débris, on peut répondre que cela tient sans doute à la violence des vents et de la pluie.

Les *chirats* portent, en Vivarais, le nom de *cheyres* ou *graveyras*. Auguste Bernard, en parlant de ceux du Pilat, dit qu'on y a vu longtemps les débris d'une forteresse bâtie par César. « En outre, ajoute-t-il, citant l'*Essai statistique* de Duplessy (1), on trouve sur cette montagne des monuments que l'on croit celtiques : ce sont des pierres élevées d'intervalle en intervalle et quelquefois circulairement placées ; d'autres pierres plus hautes s'aperçoivent de distance en distance. Il y en a dont la forme est triangulaire : ici ce sont deux piliers surmontés d'une énorme pierre en travers ; le plus souvent, c'est une seule pierre sur laquelle repose une autre pierre plate. »

Nous avons vainement cherché sur le Pilat la trace de ces prétendus monuments celtiques. Il est à noter que, dans le Vivarais, les dolmens se trouvent seulement sur les collines calcaires de la partie méridionale et qu'il n'y en a aucun sur les montagnes granitiques analogues au Pilat. Quant aux pierres élevées d'intervalle en intervalle dont parle Duplessy, elles se rapportent probablement à l'habitude qu'ont les habitants des hautes mon-

---

(1) *Histoire du Forez*, 1835, t. 1 p. 23.

tagnes, notamment dans les environs du Mezenc, de planter verticalement des lauzes ou des piquets de granit pour marquer le chemin en temps de neige. Bref, jusqu'à preuve du contraire, nous pensons que l'aqueduc romain du Gier est le seul monument ancien de la contrée.

D'après Elie de Beaumont, le système des Cévennes qui forme le mur occidental de la vallée du Rhône et s'étend de l'Hérault jusqu'à la Côte-d'Or, et dont le Pilat n'est qu'un des contreforts orientaux, aurait été soulevé bien avant les Pyrénées et les Alpes. La Bretagne est le seul pays en France qui puisse se glorifier d'une ancienneté pareille à celle du *plateau central*.

Il fut un temps où toute la surface de ce qui devait être la France, était recouverte par une mer, dont les dépôts ont formé les montagnes du Jura et toutes les couches de même nature, caractérisées par certains fossiles, qu'on a désignés sous le nom de terrain jurassique. Ce terrain est le dernier qu'aient soulevé les deux grandes poussées des montagnes d'Auvergne et de Bretagne. L'antiquité moindre des Alpes, des Pyrénées et d'autres montagnes du globe, résulte du fait qu'elles ont soulevé des terrains de formation postérieure aux couches jurassiques.

Ici je demande la permission de céder à un petit mouvement de vanité locale, en faisant savoir *urbi et orbi*, c'est-à-dire aux lecteurs de ces impressions de voyage, que le premier observateur qui ait constaté la différence des terrains sédimentaires, suivant la différence des fossiles, et cela trente ans avant Cuvier, le précurseur conséquemment de la paléontologie stratigraphique, est un de mes compatriotes du Vivarais, l'abbé Soulavie. A ceux qui lui contesteraient le mérite de cette découverte, je me bornerai à recommander la lecture de l'*Histoire naturelle de la France méridionale*, publiée de 1780 à 1785 par cet éminent observateur, et l'*Histoire des progrès de la géologie*, par M. d'Archiac.

Pour en revenir aux grandes formations géologiques, il est essentiel de mettre en garde les bonnes âmes qui s'imaginent que la nature procède, dans ses mouvements, comme le peuple français dans ses révolutions politiques, c'est-à-dire par sauts et bonds désordonnés. L'observation, on pourrait presque dire l'expérience quotidienne, montre que les choses chez elle se passent tout autrement, c'est-à-dire d'une façon généralement insensible et avec une régularité parfaite. Les Cévennes sont le produit d'une série de soulèvements qui se rapportent à diverses époques, comme le montrent les plissements successifs des diverses couches antérieures au terrain jurassique, et notamment du micaschiste, que l'on peut voir aux abords du Tanargue en Vivarais et à Saint-Laurent-les-Bains, redressé jusqu'à la perpendiculaire.

Le contrefort du Pilat part de Saint-Bonnet-le-Froid et descend en ligne torte vers le Rhône, dans la direction de Vienne. Il est peut-être bon de noter ici que le Pilat ne présente aucune trace volcanique, ce que pourraient faire croire les commotions souterraines et les phénomènes terribles rapportés dans les lettres de saint Mamert, qui épouvantèrent en 511 la ville de Vienne et provoquèrent l'établissement des Rogations. Soulavie croit que ce fut la dernière manifestation des volcans du Vivarais et de l'Auvergne. En admettant cette hypothèse, il faudrait l'appliquer plutôt aux volcans du Velay, dont les manifestations ont pu trouver un bon conducteur dans la chaîne granitique du Pilat, tandis que les derniers volcans de l'Ardèche, situés à l'extrémité méridionale de ce département, pouvaient plus difficilement avoir un contre-coup à Vienne.

Les volcans me fournissent une autre occasion de signaler les travaux d'un observateur du Vivarais. Tandis que le gros des savants en est encore à l'hypothèse du feu central, un géologue de Privas, feu Dalmas, a exposé, en l'appuyant d'une série de faits recueillis dans la région volcanique du Vivarais, une théorie qui semble plus conforme à toutes les vraisemblances : elle consiste à considérer les éruptions volcaniques comme indiquant simplement des incendies plus ou moins limités du sous-sol, occasionnés par la décomposition des métaux alcalins, sous l'action des eaux pluviales ou maritimes pénétrant graduellement dans les profondeurs de la croûte terrestre (1).

Nous attendîmes une bonne demi-heure le lever du soleil. L'orient était barré devant nous par une immense muraille grise formée par les Alpes revêtues de leurs brumes matinales. L'aube, en l'éclairant peu à peu, la divisa en longues bandes horizontales de diverses couleurs. La plus haute passa bientôt du rouge obscur au jaune, et finalement

---

(1) Voir l'*Itinéraire du Géologue dans l'Ardèche*, par J.-B. Dalmas. Privas, 1872. Un fait récent et fort inattendu viendrait singulièrement à l'appui de ceux qui n'admettent pas la vieille hypothèse du feu central : lors de la terrible explosion du volcan de Krakatoa, dans le détroit de la Sonde (25 août 1883), qui eut pour résultat la mort d'environ *quarante mille* personnes, le bruit des détonations volcaniques aurait été perçu aux Antilles, c'est-à-dire aux antipodes, à travers l'épaisseur du globe entier. On conviendra que cette conductibilité du son se conçoit beaucoup mieux avec un noyau terrestre solide qu'avec l'énorme masse liquéfiée que l'on suppose former la presque totalité de l'intérieur de notre planète.

le globe lumineux, surgissant dans la direction du mont Blanc, fit étinceler les sommets glacés des Alpes de Savoie. Le spectacle était d'autant plus grandiose que tout l'espace, qui nous séparait des Alpes, était enseveli sous un océan de vapeurs. Nous distinguions à peine, dans la vallée du Rhône, le point où Lyon dormait sous le brouillard, et il semblait qu'en cet endroit la mer nuageuse fût agitée et sonore. Au sud, le ciel était plus clair, et le fleuve, se dégageant à une certaine distance des vapeurs basses qui le masquaient en amont, faisait l'effet d'une source puissante jaillissant d'un glacier. A l'ouest, se déroulait à l'infini une forêt de pics montagneux dont le soleil vint bientôt dorer les cîmes.

Nous étions tous muets d'admiration. Le chasseur se tenait debout sur le point le plus élevé du chirat. Miss Diana, assise sur un rocher à côté de son père, avait posé sa jolie main sur la tête de Vesta qui, gravement postée sur ses pattes de derrière, semblait participer au sentiment général.

— C'est réellement beau ! dit Chabourdin.

— Ce qui est plus beau, dit l'Anglais, c'est le tour de force que fait la terre, avec le concours du soleil, pour opérer cette division si régulière et si bien raisonnée des jours et des saisons, sans laquelle on ne conçoit ni les productions de la terre ni la vie de l'homme et des animaux. Avez-vous réfléchi quelquefois à tout cela, M. Chabourdin, et la méthode purement scientifique vous a-t-elle révélé l'auteur de ce merveilleux mécanisme ?

— J'admire autant que vous, dit solennellement Chabourdin, la grandeur des lois de la Nature. Je comprends les anciens Perses qui adoraient le Soleil : voilà au moins un dieu que l'on voit et dont on sent la chaleur. Je comprends les peuples qui adorent la Nature sous telle ou telle de ses grandes manifestations ; mais permettez-moi de refuser mes hommages à une idéalité que personne n'a vue ni entendue, et que les plus savants ne comprennent pas mieux que les autres.

— Est-ce que vous avez jamais vu le vent ? dit le chasseur.

— Non, mais je le sens quand il souffle.

— C'est justement ainsi, dit l'Anglais, que nous sentons et que nous touchons cette idéalité que nous appelons Dieu, et que vous saluez vous-même sans vous en apercevoir, en lui donnant seulement un autre nom : celui de Nature. Va pour la Nature, si ça vous fait plaisir.

Nous étions seuls ce jour-là à contempler du Pilat le lever du soleil ; mais les amateurs sont beaucoup plus nombreux qu'on ne pense, les dimanches de la belle saison. Le chasseur y avait vu, le dimanche précédent, deux ou trois cents personnes, venues de divers points, surtout de Saint-Etienne et de Saint-Chamond. Il y avait des familles entières, parties le samedi soir avec un panier de provisions ; la plupart s'abattirent le matin sur la Grange, qui, déjà pleine, fut impuissante à leur fournir des victuailles.

A mesure que le soleil s'élevait dans le ciel, le panorama grandissait et devenait plus splendide. Au nord, nous apercevions les sommets des montagnes qui séparent la Saône de la Loire. A l'ouest, les pics auvergnats émergeaient successivement. Au sud, le Mezenc, le Gerbier de Jonc, l'Alambre et compagnie. A l'est, les Alpes. Grâce au temps clair, nous apercevions assez bien le mont Blanc. Le point le plus éloigné du nord de la France d'où l'on peut distinguer le géant des Alpes est le plateau de Langres, qui est à 260 kilomètres de distance, ce qui rend assez douteuses les affirmations des guides du Puy-de-Sancy, qui prétendent le reconnaître à la distance de 310 kilomètres. Il est certain que, du monticule de Nice appelé le Château, on peut souvent, le matin, apercevoir les montagnes de Corse, qui sont à 200 kilomètres, mais, au-delà de cette limite, rien n'est plus facile que de prendre un nuage pour une montagne. D'ailleurs, tout dépend des yeux que l'on a, et les paysans, habitués à regarder à de grandes distances et peu liseurs, y voient généralement bien mieux que nous.

Le massif du mont Pilat tombe presque à pic à l'est sur le Rhône et au sud vers Annonay, où il présente une crête dentelée souvent couverte de neige en hiver. Au nord, il s'abaisse insensiblement par des pentes mieux ménagées qui conduisent dans le bassin du Rhône deux cours d'eau importants : le Gier et le Dorlay (rivière de Doizieu). Enfin, à l'ouest, il se développe en un plateau ondulé où se trouvent ses plus hauts sommets, qu'on n'aperçoit que peu ou point de la rive dauphinoise.

On peut considérer le massif de Pilat comme un gâteau de Savoie à trois étages.

Le premier, d'une hauteur de 300 à 400 mètres au-dessus du niveau de la mer, où se trouvent la plupart des gros bourgs et des villes industrielles de la région ;

Le second, de 1,000 à 1,200 mètres, qui surplombe l'autre de trois côtés et que sillonnent du sud-est au nord-ouest le Furens et les deux routes qui lui sont parallèles ;

Enfin, le troisième, constitué par les hauteurs d'arrière, que masque la grande arête du deuxième étage pour les spectateurs d'en bas.

Voici, pour donner une idée de la topographie de la région, l'altitude des principales localités répandues autour du Pilat :

Bœuf, au bord du Rhône, est à 140 mètres au-dessus du niveau de la mer ;

Annonay, Saint-Chamond, Saint-Etienne et Saint-Julien-Molin-Molette, qui forment la ceinture du premier étage, sont à une altitude qui varie de 400 à 550 mètres ;

La République, le col du Bessat et le Grand-Bois, où se trouve le point culminant de la route d'Annonay, vont de 1,000 à 1,250 mètres ; c'est aussi l'altitude (1,209) du pic des Trois-Dents, celui qui personnifie le Pilat pour les voyageurs de la vallée du Rhône.

Trois sommets dominent ce second plateau. Le principal et le plus élevé est celui-là même d'où nous assistions au lever du soleil.

De magnifiques pâturages recouvrent les plus hauts sommets du Pilat ; mais les arbres y manquent absolument, et il faut descendre au second plateau ou même plus bas, vers Saint-Chamond et la route d'Annonay, pour trouver quelques bouquets de bois.

L'essence qui prédomine est le sapin (*pinus picea*), dont les hautes flèches, qui atteignent jusqu'à 100 pieds de hauteur, font l'effet d'une forêt de tuyaux d'orgues. Les arbres sont donc relativement rares sur le Pilat, et c'est fâcheux, car si, malgré sa calvitie, ce beau massif de montagnes fournit d'eau toute la région environnante, de quelle ressource ne serait-il pas si le plateau supérieur était boisé ?

Le Pilat étant formé par une série de hauts plateaux, la ligne de partage des eaux du Rhône et de la Loire n'y est pas parfaitement dessinée. Il y a comme une région neutre entre les deux bassins, où les eaux vont à la grâce de Dieu. Mais la plupart, c'est-à-dire toutes celles qui résultent des pluies tombées sur les versants nord, est et sud de la montagne, vont au Rhône, d'un côté par le Gier et de l'autre par la Deûme (les habitants du pays prononcent *Diôme*).

Un poète du crû, M. Seytre, a réuni en quelques vers tous les noms des ruisseaux et rivières de la contrée :

Saint-Etienne à sa source enchaîne le Furens
Egoïste et jaloux ; Saint-Chamond boit le Bans ;
Saint-Genest, Saint-Didier sont fiers de leur Semène
Le Chambon, Firminy se baignent dans l'Oudaine;
Du Dorlay, du Couzon, Givors, Rive-de-Gier
Ont besoin pour tremper leur verre, leur acier ;
Pelussin, Chavanais reçoivent Valencize ;
Tout près de la Rysance, on peut voir Vienne assise;
Tandis que l'Argental, la Diôme, le Ternay
Abreuvent Saint-Julien, Saint-Sauveur, Annonay.

Remarquez comme tous ces noms sont jolis et harmonieux. On croirait entendre les bergers du Lignon. Quelle différence avec les noms de localités du bas Vivarais, qui résonnent presque tous durement en *as* ou en *ac !* Les gens d'Annonay participent, du reste, des habitudes grasseyantes des bouches de Saint-Etienne, car ils ont l'horreur instinctive des *r*, et la plupart des noms de leurs villages se terminent en *ieu*. C'est bien ici le pays des molles prononciations, où le *b* est prononcé si doucement qu'il se transforme en *v*, ce qui donnait à Scaliger l'occasion de cette plaisanterie épigrammatique : *Eorum bibere vivere est.*

Auguste Bernard a peut-être raison quand, après avoir constaté la différence des patois sur un champ restreint, il dit que le parler de la plaine se ressent de l'énervement physique et moral de ses habitants, tandis qu'on retrouve encore beaucoup de vigueur et d'expression dans celui de la montagne. Il est certain que Saint-Etienne et Annonay sont, au point de vue de la culture intellectuelle, comme au point de vue du progrès industriel, singulièrement en avance sur les montagnes du Vivarais, et la forme plus policée de leur langage n'est que l'accompagnement naturel de cette supériorité sociale. S'il est vrai, comme l'avait pressenti Auguste Bernard et comme on l'admet assez généralement aujourd'hui, que nos patois ne dérivent pas seulement du latin, mais sont, au contraire, le vieux langage local, où le latin n'a fait que mêler son élément étranger, dont on peut suivre les traces, ce n'est pas évidemment dans le patois de Saint-Etienne et d'Annonay que les étymologistes feront leurs plus belles découvertes. Les dialectes parlés dans les villages les plus reculés du Velay, du Vivarais ou de l'Auvergne sont, à cet égard, bien plus instructifs, parce que les aspérités d'origine celte ou romaine y ont été bien moins émoussées par le frottement du monde extérieur. Mais si le patois des vallées qu'abreuve le Pilat offre moins d'intérêt pour les savants, peut-être est-il plus gracieux que les patois plus originaux des montagnes et se prête-t-il mieux que le français lui-même aux saillies de l'esprit gaulois. S'il disparaissait, il manquerait une couleur au paysage.

Quoi qu'il en soit, cette diversité de génie dans le langage local, constatée entre les deux extrémités d'un même département, ne donne-t-elle pas raison à ceux qui, raillant l'utopie d'une langue universelle, font observer qu'en supposant ce résultat obtenu, chaque peuple prononçant les mots avec l'inflexion de ses habitudes buccales, les dialectes différents ne tarderaient pas à reparaître et que ce serait toujours à recommencer?

Il est certain aussi que le patois aux finales

sonores et résonnantes en *o* ou en *ou*, qui se prêtent aux prolongements lointains de la voix, est une nécessité pour les habitants des campagnes, obligés de se parler souvent à de grandes distances, quelquefois d'une montagne à l'autre, comme cela nous arriva un jour dans notre voyage à Valgorge. Nous étions à mi-côte sur la rive droite de la vallée de la Drobie, qui est très étroite et très profonde. En face de nous, sur la rive gauche, perchait un village habité par Barrial, le gardien de la source minérale de Saint-Mélany que nous allions visiter. En nous faisant entendre de lui, du lieu où nous étions, nous évitions une heure de marche par un soleil brûlant et des sentiers difficiles. Nous étant bien mis en évidence sur un rocher, en agitant un parasol et en nous faisant un porte-voix de nos deux mains, nous criâmes à deux reprises : *Borriaoû! Borriaoû ! odusé loclaoû !* Tous les chiens du hameau aboyèrent à notre premier appel, et le bonhomme répondit au second, et, nous rejoignant au fond de la vallée, nous évita une notable fatigue.

Essayez de répéter le même cri en français: *Barrial! apportez la clé !* C'est à peine si l'on pourra vous entendre à quelques pas. Voilà une des raisons pour lesquelles il y aura toujours, surtout dans les pays de montagne, un idiome local, à côté du français. Celui-ci est rond, net et précis ; il est fait pour être parlé dans les villes, où les gens mal élevés seulement s'appellent d'une maison à l'autre ; c'est le langage des affaires, de la littérature, et hélas ! de la politique, ce qui n'est pas le plus beau de son histoire. C'est pourquoi je trouve fort sensée la réponse d'un campagnard à un maître d'école qui voulait absolument proscrire le patois dans son village : Commencez par l'apprendre !

Un peintre et un ingénieur descendaient un jour du Pilat. De tout côté, on voyait l'eau sourdre et se précipiter en cascatelles. Le peintre admirait, chantant les eaux pures et même en buvant par plaisir. L'ingénieur, le front plissé, murmurait entre ses dents : Que de forces hydrauliques perdues ! Le peintre faillit lui faire un mauvais parti. Tous deux avaient raison à leur point de vue ; mais, en somme, l'ingénieur avait moins que l'autre sujet de se plaindre, car tout autour du Pilat l'industrie a puisé dans la force hydraulique un élément de richesse : au nord, l'industrie métallurgique ; au sud, une grande quantité de manufactures.

Le Bourg-Argental a des fabriques de toiles et de draps, des filatures de soie et des papeteries ; Saint-Julien-Molin-Molette possède une imprimerie de foulards ; Pélussin et d'autres ouvrent la soie ; enfin, Annonay est encore la cité-reine pour la papeterie et la mégisserie.

Le Pilat s'interpose comme une masse énorme entre le bassin du Rhône et celui de la Loire, mais la dépression qui le borne au nord (vallée de Gier) constitue entre Lyon et la mer le passage le moins élevé de la ligne des Cévennes, et par conséquent le chemin naturel du Rhône à l'Océan. Aussi est-ce par là qu'a passé le premier chemin de fer construit par les Seguin. Dès 1826, la vapeur contournait le Pilat au nord, mais ce n'est qu'en 1886 (depuis l'ouverture de la ligne d'Annonay à Firminy), que la vieille montagne a été contournée au sud et dès lors entièrement cernée par les railways.

Le département de la Loire a deux communes sur le Rhône : Bœuf et Chavanay, formant l'extrémité de la languette de terre qui sépare les départements du Rhône et de l'Ardèche, et sur laquelle est assis le massif du Pilat.

Heureusement pour cette partie du bassin du Rhône, si maladroitement reliée à l'administration des pays de Loire, il y a, par la force des choses, une compensation dans le fait qu'elle relève au spirituel de l'archevêché de Lyon.

Le canton de Bourg-Argental forme aussi une enclave de la Loire dans l'Ardèche, et ces deux anomalies géographiques montrent avec quelle légèreté la Révolution dépeça la France en départements, sans se soucier des divisions naturelles, tellement elle avait hâte d'effacer les anciennes limites provinciales. C'est le seul pays du monde où l'on ait ainsi fait litière de toutes les traditions administratives et des convenances territoriales, au grand déplaisir des habitants de Bœuf et Chavanay, qui aimeraient infiniment mieux dépendre de Lyon que de Saint-Etienne.

Au reste, la région située entre le Doux, le Forez et le Lyonnais a toujours été la partie la moins caractérisée de l'ancien Vivarais, et l'on ne sait pas encore à qui elle appartenait au juste pendant le Moyen-Age.

Il est évident qu'en 1790, la topographie et le bon sens commandaient la réunion de Bourg-Argental à l'Ardèche, avec Annonay pour sous-préfecture, mais c'est en vain qu'un de nos députés d'alors, M. de Saint-Martin, réclama cette réunion dans la séance du 15 janvier à l'Assemblée nationale. J'ai entendu dire depuis, par plus d'un bourgeois d'Annonay, qu'il était fort heureux qu'Annonay ne fût pas devenu sous-préfecture, parce que le contact administratif et l'affluence des fonctionnaires auraient fatalement exercé une influence fâcheuse sur le caractère local et défavorable au développement de ses industries.

X

LA SOURCE DU GIER

Le Puits mystérieux. — La Légende de Pilate. — Le Saut du Gier.— Température des Sources.— L'Origine des Eaux minérales. — Causes de leur succès. — Etymologie de Pilat.

Après avoir joui quelque temps du magnifique panorama qui se déployait sous nos yeux, nous redescendîmes dans le pré de la Jasserie pour visiter la source du Gier.

A l'époque où les communications étaient plus difficiles qu'aujourd'hui, et où la visite des hautes régions du Pilat constituait une véritable expédition pleine de fatigues, sinon de dangers, le *puits* de Pilat (car c'est ainsi qu'on nommait la source du Gier) était l'objet de rumeurs et de craintes mystérieuses. Des auteurs parlent même de lac et de marais, et la nature des lieux rend assez vraisemblable que le cirque ouvert au nord, dans lequel est située la Grange, a été jadis un lac dégénéré en marais, dont le dernier vestige fut le puits, formant la principale source du Gier. La légende de Pilate aidant, on prétendait qu'il en sortait des tempêtes. Mulsant nous apprend que, jusqu'à la fin du XVIe siècle, il était interdit d'explorer le mont Pilat sans la permission du magistrat. En 1554, Gessner, le naturaliste, eut besoin de cette permission pour y aller herboriser. « Des hommes courageux prirent enfin le parti de faire des cérémonies expiatoires : on jeta dans le lac un grand nombre de pierres, en proférant des imprécations contre l'esprit de Pilate ; il ne survint plus de tempêtes et, depuis cette époque, l'opinion publique a été rassurée. »

D'où vient la légende de Pilate ?

Dans un manuscrit consacré à l'antiquité de la famille de Tournon, Jean Pélisson, de Condrieu, qui fut le premier principal du collège de Tournon vers 1560, rapporte, d'après la tradition de son temps en Dauphiné, que « Pilate étoit le bâtard d'un roy des Allobroges qui, à cause de plusieurs méfaits, s'étoit retiré à la cour de l'empereur de Rome et, qu'après la mort du Christ, Tibère l'envoya à Vienne pour être jugé ». Et Eusèbe dit que là, « estant prisonnier, pendant qu'on faisoit son procès, se doutant de quelque horrible supplice, se désespéra et se tua dans la prison. Mais le commun bruit du Lyonnais et du Dauphiné est qu'il attendit son jugement et y acquiesça, qui fut qu'il seroit mené au mont Saulvaire et à la forêt la plus âpre que l'on pourroit trouver au pays et qui s'appelle *Bosenie*, pour là finir ses jours misérablement. » Et Jacques de Bergame dit « qu'aucuns ont écrit que là il fit grande pénitence par le moyen d'un saint hermite qu'il trouva en ces bois et montagnes horriblement sauvages et nommé ledit hermite Sabin, au lieu de la Charette Escalare (?). Auquel endroit fut fondé une chapelle qu'encore aujourd'hui on appelle Saint-Sabin ».

La légende du suicide de Pilate remonte, comme on voit, à Eusèbe, qui vivait au IIIe siècle. Elle fut répétée au Ve siècle par Cassiodore et embellie par Adon, archevêque de Vienne, au IXe siècle. D'après ce prélat, c'est saint Mathieu qui, prêchant l'Evangile en Judée, l'aurait écrit dans ses lettres hébraïques.

Une histoire si caractéristique ne pouvait pas se perdre en route, surtout au Moyen-Age où tout prenait une couleur religieuse, et l'on peut voir encore, pendant la belle saison, des braves gens cherchant à Vienne ou au Pilat le trou où Pilate aurait finalement trouvé le terme de sa vie et de ses remords. De là aussi sans doute la vieille renommée du Pilat, qui a fait dire à du Choul que le mont Pilat était aussi célèbre dans l'ancienne Gaule que l'Olympe dans l'ancienne Grèce.

Mais tout ceci fidèlement rapporté, afin que nul n'en ignore, il nous faut bien ajouter que rien n'est moins prouvé historiquement que le séjour de Pilate en Gaule ; et quant à la supposition qu'il serait venu se suicider à la source du Gier, on peut trouver passablement singulier qu'il fût allé chercher si loin ce qu'il était si facile de trouver beaucoup plus près.

Quoi qu'il en soit, la physionomie de la source du Gier a bien changé depuis du Choul, et c'est en vain que nous cherchâmes le puits profond et mystérieux que les bergers du XVIe siècle avaient, disait-on, obstrué de rochers et de branches pour empêcher leurs troupeaux de s'y noyer. Nous ne trouvâmes qu'un modeste bassin de deux ou trois mètres carrés, fort peu profond, d'où l'eau sort paisiblement au milieu des plantes aquatiques. De là part la rigole qui alimente la fontaine de la cour de la Jasserie, et c'est grâce à ce trajet de deux ou trois cents mètres à l'air et au soleil que l'eau, trop froide à la source même, si froide, dit du Choul, qu'elle tuméfie la bouche de ceux qui en boivent, est devenue à peu près potable en arrivant à la ferme. Tel est l'aspect de la source du Gier au fort de l'été, au moins des étés secs. En d'autres temps, c'est-à-dire pendant huit ou dix mois de l'année, le petit bassin dont nous avons parlé disparaît au milieu d'une série de sources qui jaillissent confusément au fond du ravin, sur une surface de quarante à cinquante mètres carrés. Il suffit, du reste, de la moindre pluie pour que les sources, jusque-là invisibles sous l'herbe, grossissent et se manifestent de divers points. Il en sort une notamment du petit bouquet de bois qui se trouve sur la ligne de la Jasserie au sommet du Crêt de la Perdrix.

Toutes ces eaux, réunies dans le thalweg du ravin, forment le ruisselet qui va du sud au nord, et bientôt, réuni à d'autres affluents, s'appelle le Gier. Le Saut du Gier est a une bonne heure de marche de la Jasserie, et, comme le terrain est des plus marécageux, les touristes n'y vont guère de ce côté, mais plutôt en remontant de Saint-Chamond. La rivière descend par plusieurs cascades à un niveau inférieur, et ces cascades sont d'autant plus belles que la saison est moins favorable aux excursions, c'est-à-dire à l'époque des grandes pluies ou de la fonte des neiges. C'est pourquoi elles n'ont guère été vues, au bon moment, que par des chasseurs ou des paysans, ce qui n'a pas empêché bon nombre de touristes d'en parler comme s'ils avaient passé leur vie à les contempler.

Le chasseur nous y conduisit, et, bien que la colonne d'eau fût, vu la sécheresse, à son minimum, le spectacle était encore assez beau pour compenser les fatigues de l'excursion. L'eau, rebondissant sur les rochers, y faisait comme un nuage d'argent, à travers lequel les arbustes, jaillissant des interstices du chirat, montraient leurs panaches verts. Le chasseur nous apprit qu'un médecin de Lyon avait eu l'idée d'utiliser la cascade pour un établissement hydrothérapique, et n'en avait été empêché que par la difficulté des communications. Tout en admirant avec nos compagnons le Saut du Gier, je ne pus m'empêcher de leur dire que nous avions en Vivarais beaucoup mieux que cela dans la cascade du Ray-Pic, près de Burzet, formée par une rivière au moins aussi forte que le Gier, et qui s'élance perpendiculairement d'une hauteur de plus de 50 mètres.

L'eau de Gier, prise à sa source, renferme, suivant M. Bineau :

>   Acide carbonique..........   5,9
>   Oxygène..................   4,9
>   Azote   4,0

Et la même eau prise après les cascades :

>   Acide carbonique..........   1,6
>   Oxygène..................   7,5
>   Azote 16,0

A mesure que l'eau coule à l'air, l'oxygène de l'air remplace l'acide carbonique.

L'eau du Gier, à la source, est très fraîche, mais d'après la sensation que nous éprouvâmes en y mettant la main (car étant touriste et non pas savant, nous voyageons habituellement sans thermomètre), nous ne pensons pas qu'elle soit à zéro, comme on l'a écrit. Les sources les plus fraîches des hautes montagnes du Vivarais ne descendent pas en été au-dessous de 3° ou 4°, et il en est probablement de même de l'eau du Gier.

Dans toutes les montagnes granitiques, les sources sont nombreuses avec des eaux limpides, ce qui provient du peu de profondeur et de dissolubilité des terrains qu'elles traversent, tandis que dans les terrains calcaires du Bas-Vivarais, les sources plus rares forment de véritables ruisseaux souterrains. La plus grande fraîcheur des sources de montagne peut être attribuée à l'action combinée de leur peu de profondeur relative et au refroidissement résultant du rayonnement.

L'absence de toute trace volcanique au Pilat explique l'absence de toute source minérale chaude ou froide da ns cette région (abstraction faite de la petite source ferrugineuse de Virieu). Il faut que l'écorce terrestre ait été rompue par les feux souterrains, pour que les eaux de la surface aient pu trouver un passage vers les régions profondes, d'où elles reviennent chaudes, ou refroidies en route et toujours plus ou moins chargées de dissolutions rocheuses, lesquelles ne peuvent se produire qu'à l'intense foyer qui brûle à quelques kilomètres de distance sous nos pieds.

Généralement le débit des sources minérales n'augmente ni ne diminue, ce qui montre bien qu'elles tiennent à autre chose qu'aux pluies tombées sur la terre. Celles-ci alimentent sans doute le foyer embrasé où elles pénètrent par les fractures du globe, mais elles ne peuvent agir qu'insensiblement sur son intensité. Toutes les sources minérales ont pour point de départ des jets de vapeur bouillante qui ont des destinées diverses avant d'arriver à la surface. Quand elles ne rencontrent pas trop d'obstacles et ne sont pas obligées à trop de circuits, elles reviennent sous la forme de grosses sources chaudes comme à Chaudes-Aigues, au Mont-Dore, à Saint-Laurent-les-Bains, mais c'est l'exception. Le plus souvent ces vapeurs ont à passer par de longs et étroits tuyaux rocheux qu'elles décomposent plus ou moins, et les eaux alcalines ou ferrugineuses qui en résultent sourdent en filets plus nombreux, mais d'un débit restreint, ce qui est le cas de l'ensemble des sources du Vivarais. A ce propos, si l'on veut me permettre d'exprimer, en passant, une opinion toute personnelle, je dirai que parmi les causes de l'action des eaux minérales en général, mais surtout des eaux thermales, la plus importante se trouve peut-être dans la modification en quelque sorte électrique qu'elles ont subie, plutôt que dans les sels que la chaleur souterraine a dissous.

Un mot de l'étymologie du Pilat : d'après quelques savants, Pilat viendrait de deux mots celtiques : *pi*, hauteur, et *lat*, vaste, d'où les Latins auraient fait *latus*, et si l'on songe à la physionomie toute celtique des noms du *Gier* et du *Furens* ou *Furand*, étant admis que les noms géographiques sont ceux qui se conservent le mieux dans le langage des peuples, nous nous garderions de dire que ces savants ont tort (1).

Toutefois, d'autres savants, dont l'opinion nous semble encore plus vraisemblable, ne vont pas chercher si loin l'étymologie du Pilat et la trouvent tout simplement dans l'habitude, immémoriale chez les habitants des campagnes, d'observer les vapeurs qui couronnent parfois les sommets des montagnes pour y chercher un présage du temps. On appelait *Montes pileati*, c'est-à-dire *monts coiffés*, ceux que l'on voyait plus souvent que les autres prendre leur bonnet (*pileum*) de nuages. D'où sans doute le nom de Pilat resté à notre montagne, et de Pilate (*pileatus mons*) que porte encore

---

(1) Sur l'étymologie du mont Pilat, voir art. de M. Pean dans la *Revue du Lyonnais* (1867).

une montagne, élevée de 2,300 mètres environ, qui se trouve sur les bords du lac de Lucerne.

Il existe pour celle-ci un proverbe suisse ainsi conçu :

> Si Pilate a son chapeau,
> Le temps sera beau ;
> S'il a son collier,
> On peut se risquer ;
> S'il a son épée,
> Il vient une ondée.

Nous avons relevé ailleurs des dictons du même genre, en Vivarais, pour le Mezenc, le rocher de Sampzon et le pic de Blandine à l'Escrinet.

Etait-il possible que le Pilat n'eût pas le sien ?

Nous le demandâmes au chasseur, qui nous répondit aussitôt :

> Si Pilat prend son chapeau,
> Voyageur, prends ton manteau.

L'étymologie de Crêt est plus difficile. Le mot n'existe pas dans les dictionnaires et le Crêt ne ressemble nullement à une crête. Nous le livrons aux recherches des savants étymologistes du Forez.

XI

LA MÉDECINE DU BON AIR.

Le Gier. — L'aqueduc romain du Pilat. — Le système métrique il y a dix-huit siècles. — L'or des rivières. — Les inondations et le reboisement des montagnes. — Le *Sanatorium* du Pilat. — La malpropreté des paysans. — Le fermier de la Grange. — L'utilité des puces.

Le Gier, après avoir fait le saut, coule un peu radouci, dans la belle vallée qui conduit à Saint-Chamond, et reçoit près de cette ville le Janon, qui vient de Terrenoire. Après quoi, pour justifier sans doute ceux qui, préférant les racines grecques et latines aux étymologies celtiques, font venir son nom du grec *gurêmô* (je tourne), ou du latin *girare*, d'où viendrait encore *Liger* (la Loire), il tourne brusquement au nord-est et se laisse canaliser sur une longueur de 21 kilomètres, jusqu'à Rive-de-Gier et Givors. Son parcours total est de 45 kilomètres. La vallée du Gier sépare la chaîne du Pilat de celle de Riverie.

C'est le Gier qui fournissait autrefois, du moins en partie, l'eau potable nécessaire aux habitants du vieux *Lugdunum*. Peut-être le Pilat était-il alors plus boisé qu'aujourd'hui. Le poète Seytre prétend que les Lyonnais ont dégénéré depuis qu'ils boivent du vin bleu des vallées et de l'eau tiède de la Saône, au lieu des ondes pures et vivifiantes du Pilat.

On sait que Lyon, fondé par les Romains, quarante-quatre ans avant J.-C., sur le rocher de Fourvière, au-dessus de la bourgade gauloise de *Condate*, située au confluent du Rhône et de la Saône, ne tarda pas à devenir la vraie capitale de la Gaule. Vers l'an 98 après J.-C., Trajan y fit bâtir le *Forum*, auquel la montagne de Fourvière doit son nom (*Fourviel*, traduction de *Forum vetus*).

Une preuve de l'importance promptement acquise par la ville de Lyon se trouve dans ses anciens aqueducs, dont divers mémoires font connaître exactement le parcours. Le plus considérable, celui du mont Pilat, conduisait à Lyon les eaux du Gier, prises à une demi-lieue en amont de Saint-Chamond, dans la direction de Saint-Genis, Mornant, Chaponost et Sainte-Foy, pour aboutir à Fourvière. Cet ouvrage, qui a laissé de nombreux vestiges, dont quelques-uns ont été classés au nombre des monuments historiques du département du Rhône, est le plus prodigieux peut-être de tous ceux que les Romains ont réalisés dans l'ancienne Gaule. Il avait 75 kilomètres de longueur, avec une pente de 80 centimètres par kilomètre, tandis que l'aqueduc Marcia, le plus important de Rome, n'avait pas plus de 33 kilomètres. On y a reconnu 35 ponts et 4 siphons, et l'on a calculé qu'arrivé sur le plateau de Fourvière, il débitait 20,000 mètres cubes par 24 heures.

L'aqueduc de la Brévenne, dont le point de départ était un ruisseau de l'Orgeole, en fournissait à peu près autant. On a estimé, sur cette base, que Lyon pouvait avoir alors de 50 à 60,000 habitants. En 1887, on a trouvé près du village de Chagnon une pierre reproduisant une ordonnance de l'empereur Adrien, relative à une branche de captage dépendant du système hydraulique du mont Pilat.

Il y avait un autre aqueduc, qui amenait dans la cité gauloise, située au-dessous de la ville romaine, les eaux du Rhône filtrées, et dont le débit pouvait être de 200,000 mètres cubes par jour ; mais on suppose qu'on n'ouvrait les vannes pour cette masse d'eau qu'à l'époque des grandes assemblées gauloises ou des marchés, et qu'en temps ordinaire les eaux de source captées sur le parcours suffisaient aux besoins de la population. Une observation fort curieuse a été faite par

M. Gabut dans cette dernière construction. On y trouve, en effet, l'application d'une mesure que l'on pouvait croire beaucoup plus moderne, celle du *mètre*. Faut-il espérer, avec l'auteur de la remarquable étude publiée dans la *Revue du Lyonnais*, qu'on trouvera un jour la preuve que les astronomes égyptiens avaient mesuré la terre et qu'ils avaient déduit de leurs opérations, bien avant les savants du XVIIIe siècle, le système métrique à l'aide du système décimal? Nous n'oserions pas aller jusque là, mais ce qui est bien certain, c'est que les Romains possédaient parfaitement la science des lois de l'hydraulique et du mouvement de l'eau dans les tuyaux. Il résulterait même des découvertes faites en 1883, dans les travaux de captage des eaux de source pour Naples, que les Etrusques les connaissaient avant eux. M. de Gasparin, dans son mémoire couronné par l'Académie de Lyon en 1855, dit que les plus habiles ingénieurs ne feraient pas mieux aujourd'hui que leurs prédécesseurs de l'aqueduc du mont Pilat. Ce colossal ouvrage daterait, selon M. de Gasparin, du IIIe siècle de notre ère, c'est-à-dire d'une époque où la ville de Lyon était déjà assez riche pour en payer les frais; mais M. Gabut suppose avec assez de raison qu'il faut y voir plutôt un effet de la munificence d'Auguste, désireux de se rallier les populations conquises, et par conséquent que l'aqueduc du Pilat, aussi bien que celui de la Brevenne, remonte au premier siècle après J.-C (1).

Les légions romaines étaient alors employées à ces entreprises merveilleuses, devant lesquelles on est invinciblement amené à penser que les Romains, bien que l'économie politique ne fût pas encore inventée, en comprenaient mieux que nous les principes essentiels. Quelle transformation pourrait rapidement s'opérer dans notre pays, si l'on utilisait l'armée pour des travaux productifs, et quelle puissance morale, quel prestige européen, quelle force défensive n'acquerrait pas aussitôt le gouvernement qui aurait l'intelligence et le courage de prendre cette noble initiative !

Du Choul nous apprend que le Gier roulait des paillettes d'or et raconte comment opéraient les orpailleurs de son temps sur cette rivière et sur le Rhône. On disait alors que ce métal, en France, se trouvait principalement dans les cours d'eau du genre masculin. M. Seytre de la Charbouze croit à l'avenir aurifère du Gier. Je ne puis par-

---

(1) Voir sur les anciens aqueducs lyonnais les mémoires de Delorme, Flacheron, du général Andréossy, de M. de Gasparin et surtout la récente étude de M. Gabut dans la *Revue du Lyonnais*.

tager cette confiance et, s'il en était besoin, j'engagerais vivement les riverains du Gier à ne pas perdre leur temps et leur peine à chercher les paillettes problématiques qui ont ébloui l'honorable Forézien que je viens de citer : jamais l'or du Gier ne vaudra son eau. Du Choul constatait déjà que les orpailleurs faisaient rarement fortune, en ajoutant qu'ils auraient plus de profit à cultiver et tailler leur vigne.

Notons ici, en passant, un extrait curieux du livre de la Tourette d'où il résulte qu'on avait déjà pressenti à cette époque la véritable formation des dépôts aurifères. M. Guettard, le même qui a signalé le premier les volcans éteints de l'Auvergne, faisait observer, dès 1761, d'après les observations de M. Pailhès, changeur pour le roi à Pamiers, « que les rivières aurifères ne tirent pas l'or, comme on l'a cru, immédiatement de l'intérieur des montagnes où elles ont leur source, mais qu'il se rencontre sur leur cours, dans les terrains qui avoisinent les rivages et dans lesquels il *aurait été apporté et déposé très anciennement, lors des grandes révolutions du globe* ». M. de la Tourette en conclut que si l'on ne trouve plus de paillettes d'or sur les bords du Rhône et du Gier, cela vient probablement de ce que leurs eaux, dont le cours est fort changeant, ont abandonné les terrains aurifères qu'elles traversaient autrefois.

Il serait plus juste de conclure que les dépôts formés lors des grandes révolutions du globe étant épuisés dans tous les pays anciennement habités, il n'est pas étonnant qu'il faille aujourd'hui aller chercher l'or dans les pays nouveaux. L'Erieux et le Chassezac dans l'Ardèche, la Cèze dans le Gard et d'autres rivières des Cévennes roulent aussi des paillettes d'or ; mais partout le métier est devenu si peu productif qu'il a été abandonné (1). Comme preuve des qualités aurifères du Chassezac, on peut citer une découverte tout récemment faite dans cette vallée : il s'agit d'une pépite d'or, pesant 543 grammes, trouvée au village des Avols, commune de Gravières, dans un terrain situé à une centaine de mètres au-dessus du lit actuel de la rivière. Cette pépite a figuré à l'Exposition universelle de 1889. C'est la plus grosse qui ait été trouvée en France.

Papire Masson cite aussi le Chenevalet, un affluent du Gier, comme rivière aurifère.

Le massif du mont Pilat est, pour trois ou quatre départements, ce que les Alpes sont pour l'Europe

---

(1) Voir sur les rivières aurifères de l'Ardèche notre *Voyage dans le Midi de l'Ardèche*, p. 196.

centrale, c'est-à-dire le grand réservoir aérien, la source vitale où les hommes puisent la santé, les terres la fécondité, et l'industrie l'activité. Mais cette source serait bien autrement puissante si les hommes voulaient s'en donner la peine, c'est-à-dire s'ils parvenaient à s'entendre pour boiser cette belle montagne. Ils feraient ainsi économie à la fois d'inondations et de barrages, car le Pilat, changé en éponge, préviendrait les unes et deviendrait le plus vaste, le moins dispendieux et le mieux équilibré des barrages.

Qu'arrive-t-il en France chaque fois qu'une inondation vient ravager une partie du pays ? Il arrive ce que nous avons vu dans la région de Largentière en 1878. Un torrent, ordinairement inoffensif, s'était subitement élevé à un niveau jusqu'alors inconnu et avait failli emporter la basse ville. Tout le monde se prit aussitôt d'un beau zèle pour le reboisement, en qui l'on vit avec raison le meilleur et même le seul moyen de prévenir de nouveaux désastres. Et comme on était en France sous l'impression de quelques autres inondations récentes, ce fut un refrain d'un bout du pays à l'autre pour chanter en chœur : Reboisons ! Reboisons ! Cela dura deux ou trois semaines, puis personne n'y pensa plus.

Le reboisement continue de s'opérer comme s'opérait l'envoi de renforts au Tonkin sous le ministère Ferry, c'est-à-dire que l'on reboise juste assez pour que l'eau ait quelque chose de plus à emporter quand le moment viendra. Et il en sera ainsi jusqu'à la nouvelle inondation, où l'on chantera encore : Reboisons ! pour ne pas faire plus que devant.

Si l'on joint à d'autres traits de ce genre notre humeur variable et changeante en politique, on est bien forcé de reconnaître que nous ne sommes pas sans avoir un peu mérité la réputation de peuple léger et frivole entre tous, que nous ont faite les autres peuples de l'Europe, dont quelques-uns, d'ailleurs, ne valent pas mieux que nous sous ce rapport.

M. Seytre de la Charbouze, dans son *Voyage au Mont Pilat*, conseille de faire de cette montagne une sorte de *Sanatorium*, omme ceux que les étrangers, mieux avisés que nous, ont établi Ischl, en Autriche, et sur différents points des Alpes. Il paraît qu'on guérit une foule de maladies à Ischl par un traitement des plus primitifs : à l'extérieur, des bains d'eau salée et des douches; à l'intérieur, le petit lait, les fraises et le lait caillé.

Un de nos jeunes médecins de l'Ardèche, le docteur Pouzet fils (de Privas), a appelé récemment l'attention du monde médical sur les succès obtenus pour la guérison des phthisiques à l'établissement de Falkenstein, sur le Taunus, situé à 400 mètres d'altitude, où le docteur Dettweiler soigne ses malades par la vie au grand air, l'alimentation et le repos (1).

Le Pilat et nos montagnes de l'Ardèche sont dans les meilleures conditions d'altitude pour ce genre de médication, car ici comme partout il y a une mesure à garder, et nous conseillerions à bien peu de personnes les stations de Davos (Grisons), Saint-Moritz et Samaden (Engadine), attendu qu'au-dessus de 2,000 ou même 1,800 mètres, l'anémie est à craindre. Au fond, l'idée de cette médication n'est pas nouvelle; peut-être a-t-elle été empruntée à J.-J. Rousseau, car l'illustre écrivain dit quelque part dans la *Nouvelle Héloïse* « que des bains de l'air salubre et bienfaisant des montagnes sont peut-être un des grands remèdes de la médecine et de la morale ». Nous y applaudissons d'autant plus volontiers que nous avons nous-même proposé quelque chose de semblable pour le Tanargue (2). Mais ce n'est pas tout que

---

(1) *Bulletin médical* du 25 juillet 1888. — Voir aussi dans le numéro du 24 octobre 1888 l'article du docteur Pouzet, intitulé : *De la fenêtre ouverte pendant la nuit dans le traitement de la phthisie.*

(2) *Voyage autour de Valgorge.* Privas, 1879.

de donner un bon conseil à ses concitoyens ; il faut encore trouver qui les suive. Bien des gens sans doute ne vont pas bien, parce que les médecins n'ont pas su reconnaître ou guérir leur mal ; mais un bien plus grand nombre ne guérissent pas, simplement parce qu'ils ne suivent pas les ordonnances des médecins, ni même celles du simple bon sens. Et c'est un peu la faute des tendances générales de notre temps, *du libéralisme* qui a pénétré même dans le domaine de la santé. On a tant pris l'habitude de ne se gêner en rien, qu'on ne veut pas s'assujettir à la tyrannie des tisanes, et surtout du régime et des abstentions de tout genre qui constituent le nerf de l'art de guérir. Et voilà pourquoi nous avons grand'peur que les cafés et théâtres de Lyon et de Saint-Etienne, voire même les alcazars et cabarets d'Annonay, continuent à avoir beaucoup plus de chalands que le *Sanatorium* du Pilat.

Pour le succès des *sanatoria* sur nos sommets montagneux, il faudrait aussi un changement complet dans certaines habitudes locales. Ce que Seytre dit de la malpropreté des paysans du Forez n'est que trop applicable à ceux du Vivarais. On peut voir dans le *Voyage en France* d'Arthur Young en 1789, que ce défaut ne date pas d'aujourd'hui ; chacun sait que nos paysans en général se soignent moins bien qu'on ne soigne les animaux en Suisse et en Angleterre.

Nous faisons grâce à nos lecteurs des réflexions de lord Socrate et de miss Diana sur ce sujet parce qu'elles pourraient leur paraître trop dures ; mais tous ceux qui ont voyagé en Suisse peuvent se les figurer en se rappelant le confortable et la propreté minutieuse des hôtels de ce pays comparés à l'état sordide des auberges de nos villages et à la propreté médiocre de la plupart des hôtels du Midi.

On a vu que la Grange de Pilat n'était rien moins qu'un séjour alléchant du temps de Rousseau. Ses fermiers successifs n'ont eu garde de renoncer à de si vieilles traditions. D'ailleurs presque tous les visiteurs appartenant au pays étaient fort peu exigeants sous ce rapport. Pendant la belle saison, la Jasserie est ordinairement bondée d'amateurs le samedi soir ; aussi n'est-on pas sûr d'y avoir un lit, à moins de le retenir d'avance. Il paraît que, sous le précédent fermier, tous les visiteurs, venus de Saint-Etienne ou d'ailleurs, n'étaient pas la fleur des pois et que la Grange a vu plus d'une partie de débauche. Le fermier actuel semble avoir été mis là pour y maintenir plus sévèrement l'ordre et la décence. Il s'appelle Raudon et est fort intelligent. C'est un amateur de montagne, à tel point qu'avant d'être fermier à la Jasserie, il était venu s'y mettre en pension et fauchait les prés pour l'amour de l'art.

Le domaine a appartenu pendant bien longtemps à la famille de Montdragon, qui le vendit à M. de Rochetaillée vers 1872. Depuis lors, la Grange est un peu plus habitable pour les touristes. Il y avait, lors de notre visite, huit ou dix personnes de Lyon, venues pour respirer le bon air et échapper à la fumée, au bruit et aux importuns. M. de Rochetaillée a donc réalisé déjà en partie l'idée de M. Seytre sur le *Sanatorium* du Pilat.

L'alcôve et les placards de la chambre du seigneur à la Grange étaient, il n'y a pas encore bien longtemps, noircis d'écritures et de dessins. M. Seytre cite Mme de Staël, Michaud, Berchoux et Jules Janin parmi les visiteurs dont on y voyait les noms ; mais les réparations, conséquence inévitable des changements de propriétaires et de fermiers, ont fait disparaître toutes ces traces du passé.

Un souvenir mémorable conservé à la Grange est celui de la fameuse excursion lyonnaise de 1835, qu'a racontée M. Hénon dans la *Revue du Lyonnais* de cette époque. On vint une trentaine, dont presque moitié de dames. On passa par le Planil et le Saut du Gier, et on fut surpris vers ces parages par un orage qui arrosa de la belle manière toute la compagnie, mais sans lui rien ôter de sa bonne humeur. On se sécha comme on put à la Grange ; on mangea gaîment les provisions qu'on avait apportées, puis les dames furent entassées dans les chambres, et les hommes s'accommodèrent de leur mieux dans le foin. Il paraît que, des deux côtés, il fallut s'escrimer contre la redoutable petite bête dont parle Boileau :

> Du repos des humains implacable ennemie,
> Rendant tous les amants envieux de son sort,
> Qui se nourrit de sang et sait trouver la vie
> Dans les bras de celui qui recherche sa mort.

— Ceux qui prétendent que toute bête a nécessairement son utilité, dit Chabourdin, devraient bien nous expliquer à quelle fin les puces ont été créées et mises au monde.

— Je me suis demandé cela plus d'une fois, dit le chasseur, en voyant mon chien se démener comme un diable sous leurs piqûres. Mais comme cela ne l'a jamais empêché de se bien porter ; comme je le vois, lui et les autres animaux qu'affectionnent tous ces suceurs de sang, exempt de bon nombre de maladies qui nous affligent; vu, d'autre part, que les gens de la campagne se rapprochent singulièrement de mon chien sous le rapport du commerce avec les puces et de la bonne santé, je me demande si ces petites bêtes, par leurs excitations sur la peau, par les innombrables petites saignées qu'elles opèrent, ne sont pas des médecins d'une espèce particulière, destinés à suppléer à l'ignorance des uns et à contrebalancer la mauvaise hygiène des autres On nous dit qu'autrefois la Faculté abusait de la saignée et qu'aujourd'hui elle n'en use pas assez. Heureusement les puces, les punaises, les moustiques et autres guérisseurs minuscules, sont là. — Qu'en dites-vous, docteur ?

XII

LES SOUVENIRS D'UNE ANCIENNE EXCURSION

De Serrières à Saint-Chamond. — Les Lavieu et les Saint-Priest.— L'industrie de la soie à Saint-Chamond. — La Valla et ses anciens seigneurs. —Les Frères de Marie et les Frères de Viviers.— M. Vernet.— Le Dorley et Doizieu.— Le palais des Fées au Breuil. — Rive-de-Gier et les anciennes verreries. — Le canal de Givors. — Le maréchal Suchet. — La chartreuse de Sainte-Croix.— L'abbé Jacques.

Une jolie course que nous recommandons aux gens obèses, comme le meilleur remède à leur infirmité, est celle qu'on peut faire de Serrières à Saint-Chamond en traversant tout le massif du Pilat. Nous l'avons effectuée aux temps de notre jeunesse, avec notre ami Henri Gard, d'Annonay, la gibecière au flanc et le bâton de voyageur à la main. On monte à Maclas, à Véranne, à Cubusson, puis on continue vers l'ouest en laissant à droite le pic des Trois-Dents, dont une des pointes est surmontée par la croix que l'on aperçoit du Rhône.

Cette croix, qui est en maçonnerie, regarde quatre communes différentes, et l'on prétend que les limites des quatre communes viennent se rejoindre à ses pieds. On laisse à gauche le Crêt de la Perdrix et l'on descend à la Jasserie, où le beurre, les œufs et le pain bis furent trouvés, par nos estomacs de vingt ans, encore meilleurs qu'aujourd'hui.

En dix heures nous étions arrivés à Saint-Chamond, la grande cité industrielle de la vallée du Gier. Toutes les cheminées d'usines fumaient à qui mieux mieux. Le travail battait son plein, parce qu'on s'occupait moins alors de politique.

Saint-Chamond a précédé Saint-Etienne dans les industries de la rubanerie, du moulinage des soies et de la clouterie. Cette ville est bien plus agréable que Rive-de-Gier, non pas parce qu'on y engraisse des dindes avec des noix, gibier de basse-cour fort apprécié des gastronomes, mais à cause de la fraîcheur de la vallée, dont les parfums balsamiques, descendant des prairies d'en haut, mêlés à l'âcre senteur des noyers, forment une sorte d'éventail perpétuel contre les odeurs malsaines des résidus industriels.

L'ancien château de Chevrières, résidence des marquis de Saint-Chamond, est depuis longtemps détruit. Nous étions alors peu ferré sur l'histoire locale, et notre ami Henri Gard nous raconta le rôle considérable joué par la famille de Saint-Chamond dans les guerres religieuses, et les terribles épreuves que les protestants, aussi bien que les catholiques d'Annonay, eurent à subir du fait de deux de ses membres.

La famille de Lavieu, la plus vieille de la contrée, porta un certain temps la couronne vicomtale du Forez. Elle possédait Saint-Chamond avec tous les châteaux de l'ancien Jarez, c'est-à-dire, de la région qui s'étend entre Saint-Etienne, Givors et les sommets du Pilat.

Briand de Lavieu reçut, en 1170, la seigneurie de Saint-Chamond de Guy, comte de Forez. Gaudemard de Lavieu, qui le premier prit le nom de Jarez, octroya des libertés à ses sujets de Saint-Chamond en 1224 et s'allia aux Roussillon d'Annonay en épousant Béatrix, fille de Guillaume de Roussillon, celle qui fonda, en 1280, la Chartreuse de Sainte-Croix sur une terre achetée à Artaud de Lavieu.

Un mariage fit passer la seigneurie de Jarez à la maison d'Urgel, qui prit le nom de Saint-Priest. En 1334, Briand d'Urgel épousait Delphine, fille de Guy II, baron de Tournon. En 1497, Jean d'Urgel de Saint-Priest prenait aussi une femme dans la maison de Tournon; il en eut, entre autres enfants, Christophe de Saint-Chamond et Jean de Saint-

Romain, destinés à figurer à la tête de troupes ennemies dans les guerres religieuses.

Christophe n'avait qu'une fille, qui avait pris le voile ; son père la fit sortir du couvent pour perpétuer sa race, en lui faisant épouser Jean Mitte de Chevrières, qui fut un ardent ligueur. Des Chevrières, le marquisat de Saint-Chamond passa par mariage aux comtes de la Vieuville, et par achat, en 1768, à la maison de Montdragon.

L'industrie de la soie est très ancienne à Saint-Chamond ; on prétend que le moulinage de ce fil précieux y aurait été apporté de Bologne au XIVe siècle : mais alors on connaissait donc dans le pays l'éducation du ver à soie ? Dans ce cas, il en serait du mûrier comme de la pomme de terre, le premier aussi antérieur dans le pays à Olivier de Serres que la seconde l'est à Parmentier. La chose, après tout, n'a rien d'impossible. Toutes les industries et cultures nouvelles ont des commencements modestes, et la façon dont Olivier de Serres parle lui-même de l'éducation des vers et de la culture du mûrier dans son *Théâtre d'agriculture*, permet fort bien de supposer que depuis longtemps l'une et l'autre n'étaient pas inconnues dans nos contrées. On trouvera plus loin, à propos de Pélussin, toutes les données connues sur l'introduction de l'industrie de la soie en Vivarais et dans le Forez.

Saint-Chamond est une ville essentiellement industrielle. On y fabrique force quincaillerie et rubans. L'industrie des lacets de souliers y date de 1808. Les cheminées d'usines qui se dressent de tous côtés sont l'enseigne significative de la puissante activité de cette région ; elles sont parlantes pour qui a l'esprit sain : elles demandent la stabilité dans l'intérêt des affaires et par conséquent des ouvriers eux-mêmes, qui sont toujours les premiers à pâtir des stagnations du commerce et de l'industrie, lesquelles sont le résultat inévitable des révolutions. Malheureusement, ces braves ouvriers sont toujours disposés à chauffer d'autres fumées que celles de leurs cheminées. O bon suffrage universel, que de couleuvres tu avaleras avant de t'apercevoir que tu n'es qu'une bête! Il n'y aurait encore que demi-mal si le suffrage universel n'avait pas femme et enfants, et si toutes ses bévues ne se traduisaient point par des soucis et des privations dont souffrent surtout de pauvres innocents. On se demande, à ce triste spectacle, sans cesse renouvelé, si ceux qui soutiennent que le bonheur du peuple ne peut jamais se faire que malgré lui ne sont pas dans le vrai. Je me hâte de reconnaître que cette théorie prête à bien des abus. Tout cela prouve tout au moins que le bon sens n'est pas le fait habituel de la nature humaine.

Notre excursion de la vingtième année avec Henri Gard se continua le lendemain par une visite à la Valla, où nous retrouvâmes de nombreux souvenirs du Vivarais.

Ce village, anciennement appelé Toil, a une église dédiée à saint Andéol, l'apôtre du Vivarais. De plus, c'était un fief de la maison de Tournon, et son ancienne église paraît avoir été élevée en 1185 aux frais de Guillaume Ier, seigneur de Tournon. Elle fut agrandie en 1442. La nouvelle n'a été construite que vers 1848. Son clocher carré, orné d'une belle flèche, possède cinq cloches données par les seigneurs de Tournon au XVIe siècle.

Mulsant raconte que, pendant la Révolution, un commissaire national fut envoyé de Saint-Etienne pour s'emparer de ces cloches. Les habitants de l'endroit le reçurent fort bien et le firent boire encore mieux, si bien qu'il s'en alla en clochant fort, mais en oubliant les cloches.

Les bois de la Valla appartenaient aux Tournon, tandis que les bois de Doizieu étaient la propriété des Lavieu.

En 1497, Jacques de Tournon *benevisa* (c'est-à-dire accorda sans redevance et sans limite de durée) ses bois de la Valla aux habitants de la paroisse. En 1786, il fallut partager ces bois entre les habitants pour empêcher leur destruction totale.

Près de la Valla, nous visitâmes Notre-Dame de l'Ermitage, où un modeste vicaire de l'endroit, M. Champagnat, installa vers 1824 la société d'enseignement religieux appelée *l'Institut des Petits Frères de Marie* qu'il venait de fonder. C'est là que l'abbé Champagnat est mort en 1840. Après lui, les Frères de Saint-Paul-Trois-Châteaux et les Frères de Viviers fusionnèrent avec cet Institut, qui a été transporté depuis à Saint-Genis-Laval (1).

Les Frères de Viviers dont il est ici question avaient été institués, en 1803, par le vénérable abbé Vernet qui, sous le titre de grand-vicaire de l'archevêque de Vienne, fut le véritable évêque de Viviers pendant la Révolution, et à qui revient l'honneur d'avoir restauré le culte catholique dans l'Ardèche après la Terreur.

Les Frères de Viviers avaient commencé à Thueytz, sous le nom de Frères de l'instruction chrétienne. L'abbé Boisson fut le premier directeur de cet institut, qui se transporta à Lablachère et fut autorisé, en 1825, par une ordonnance royale. Dans la pensée de M. Vernet, l'instruction n'était

---

(1) Mulsant, t. 2, p. 54 à 63.

qu'un côté de l'œuvre; le but principal était l'éducation des enfants orphelins, pauvres et abandonnés. M. Vernet voulait aller à la racine de beaucoup de maux en recueillant les petits mendiants pour les élever chrétiennement, les accoutumer au travail et même leur procurer un état pour les rendre utiles à la société. C'est ce que les orphelinats agricoles ont plus ou moins réalisé depuis; mais ses efforts échouèrent; les Frères n'étant liés par aucun vœu, beaucoup désertèrent une fois formés. Un bien petit nombre étaient restés fidèles à leur vocation première quand Mgr Guibert les fondit avec les Petits-Frères-de-Marie.

De la Valla, dont le barrage n'existait pas, puisqu'il date seulement de 1870, nous fîmes une course folle vers Fontclaire, où est la source du ruisseau appelé jadis Doise (*Doibius* dans du Choul) et qui porte aujourd'hui le nom de Dorley; mais le premier est mieux justifié par celui du principal village de la vallée, qui est Doizieu.

Jean Pélisson parle, dans son manuscrit, de la rivière de Doizieu qu'on ne peut partout passer « à cause des *gourds* qui sont en plusieurs vallées ». Ce mot de *gourds* est encore employé dans le Bas-Vivarais pour désigner les endroits profonds des rivières. Le village de Doizieu présente un aspect des plus pittoresques: ses maisons échelonnées sur le penchant du coteau, ses jardins suspendus avec leurs arbustes odorants et le ruisseau clair et bruyant qui coule au bas, nous donnèrent alors l'idée d'une sorte d'Eden champêtre. Ses habitants ont mérité cet éloge de du Choul : *Religione clari homines opibus infimi*. Ailleurs, l'auteur de la Description du Pilat dit que leur esprit est moins grossier que leurs vêtements. Il décrit leurs mœurs et particulièrement leurs danses. Pour peindre la misère générale du pays, du Choul dit qu'il nourrit plus libéralement les sapins que les hommes, qu'il y a plus de pâturages que de blé.

Mulsant, assistant à la messe à Doizieu, fut témoin d'un de ces vieux usages qui caractérisaient les mœurs religieuses d'autrefois ; après l'Evangile, le prêtre descendit jusque près de la table de communion, un crucifix à la main, en conviant ceux qui pleuraient un membre de leur famille, à venir considérer l'image de l'homme-Dieu et à apprendre, à la vue du spectacle douloureux de ses souffrances, à porter leur croix avec résignation.

La vieille croix gothique de la place, qui porte la date de 1547, fut donnée à la paroisse par Louis de Laire, seigneur du lieu. Sa hauteur est de quatre mètres au-dessus de la table ; sur le croisillon sont représentés d'un côté le Christ, de l'autre la Vierge, tenant son fils ; sur l'un des côtés de la tige, Notre-Dame-des-Douleurs, et au pied, saint Laurent, patron de Doizieu.

Nous dînâmes dans un cabaret, où l'on nous servit, je crois, des truites de Dorley, qui, naturellement, sont excellentes, vu la fraîcheur et la limpidité de ces eaux.

Il reste, au quartier de Doizieu, qu'on appelle Châteauvieux, une tour carrée, unique vestige du manoir féodal de l'ancien temps, dont on a fait une fabrique de soie. On raconte dans le pays beaucoup d'histoires de Sarrasins ; et, il est, en effet, à présumer que les Sarrasins, dans leur invasion du VIIIe siècle, ravagèrent le pays. M. Seytre a imaginé sur le château de Doizieu une légende dont le sire de Fernanches est le héros. Quelques données authentiques sur l'histoire locale auraient bien mieux fait notre affaire.

Nous visitâmes, dans ces parages, quelques endroits charmants, notamment la Terrasse et le Breuil. Ce dernier lieu est célèbre par son château des fées, que personne n'a jamais vu, mais qui est mentionné par Jean Pélisson et par du Choul. Celui-ci dit même que de son temps on en voyait encore les ruines. On montre aussi aussi au Breuil des *caves des Sarrasins*.

De là, nous allâmes à Rive-de-Gier, dont les verreries sont célèbres depuis 1788. Ce lieu fut pillé par les routiers en 1362.

Givors, qui est à l'embouchure du Gier sur le Rhône, est un entrepôt important de planches, de fers et de houille. Il y a aussi des verreries qui remontent au milieu du siècle dernier et qui furent établies par les Robichon.

Les verreries étaient plus nombreuses autrefois qu'aujourd'hui. Dans le Vivarais, où il n'y en a plus une seule (abstraction faite de celle qu'on vient d'établir à la Bégude, près Vals-les-Bains), elles n'étaient pas rares. Au XIVe siècle, il y en avait une à la Champ-Raphaël et une autre à Burzet, et il paraît que là, comme ailleurs, cette industrie conférait la noblesse ; car nous trouvons le titre de noble donné au verrier de la Champ-Raphaël, qui s'appelait Salvatge, et celui de Burzet a été la tige de la noble famille de Veyrier, qui a eu pendant longtemps la seigneurie de l'endroit. La facilité des communications a graduellement tué toutes ces petites industries locales, en ne laissant subsister que celles qui étaient placées dans les conditions les plus favorables et dont la disparition des autres a naturellement étendu le champ d'exploitation.

Le canal de Rive-de-Gier au Rhône est le produit avorté d'une grande idée. L'ingénieur lyonnais Aléon de Varcours ne voutlai pas seulement canaliser une partie du Gier, mais relier le Rhône à la Loire par un canal du Forez. Il soumit son projet, en 1751, au gouvernement d'alors ; mais il rencontra tant de difficultés pour son exécution qu'il y renonça.

Un horloger de Lyon, François Zacharie, poursuivit la même idée et fut autorisé en 1761 à en tenter la réalisation pour la partie comprise entre Givors et Rive-de-Gier. Zacharie y dépensa beaucoup d'argent et mourut de misère en 1768. Son fils, ayant obtenu une concession plus étendue en 1770, forma une nouvelle compagnie et parvint à terminer le canal en 1780. Les eaux du Gier étant insuffisantes en été, on fit le petit bassin de Couzon, qui n'a été terminé que sous la Restauration. On y lit l'inscription suivante sur une plaque de marbre :

Exhaustis tribuit lacus ille canalibus undas
Navigiisque refert quam negat amnis opem.

L'idée de prolonger le canal jusqu'à la Loire fut alors abandonnée et on l'appela le canal de Givors. Il donna de beaux dividendes jusqu'au jour où les chemins de fer vinrent l'écraser (1).

---

(1) MULSANT. *Souvenirs du Mont Pilat*, t. 1, p. 60, et t. 2, p. 42.

L'histoire de Givors rappelle trois faits d'armes du temps de la Ligue, où figurent des capitaines du Vivarais.

En 1590, le colonel d'Ornano, le père du futur seigneur d'Aubenas, y fut battu et fait prisonnier par le baron de Senecey, gouverneur de la Bourgogne pour le comte de Nemours, et en mars 1591 Chambaud essaya vainement d'en déloger les ligueurs; c'est Lesdiguières qui prit la place l'année suivante.

En 1594, d'Ornano s'empara de Givors pour le roi ; mais le duc de Nemours le reprit la même année.

Mulsant raconte que le domaine de Jurary, qui est de ce côté, près de Tréves, et qui est un ancien fief de la famille du Choul, servit d'asile, dans les jours orageux de la Terreur, à celui qui devait être le duc d'Albuféra (1). La famille **Suchet** était de Largentière (Ardèche), où sa filiation a été relevée sur les registres paroissiaux depuis 1600. Le père et l'oncle du maréchal y étaient négociants en soie et avaient une filature à Bouteille, quartier voisin de la commune de Chassiers. Quelque temps avant la Révolution, le père du maréchal habitait Lyon, et c'est là que celui-ci

---

(1) MULSANT. *Souvenirs du Mont Pilat*, t. 1, p. 76.

naquit le 2 mars 1772. Il fut nommé capitaine d'une compagnie franche de l'Ardèche le 12 mai 1793 et passa, le 20 septembre suivant, chef du 4e bataillon de l'Ardèche, qu'il conduisit presque aussitôt au siège de Toulon.

Suchet figura malheureusement, l'année d'après, dans l'horrible massacre de Bédoin (Vaucluse) et fut dénoncé à cette occasion par la société de Carpentras. Le 14 août de cette année, la société populaire d'Aubenas, en signalant à la Convention divers terroristes, y comprenait Suchet, comme étant l'agent de Maigret et comme ayant mis à feu et à sang la commune de Bédoin. Nous ignorons si c'est à cet incident qu'il faut rattacher le séjour de Suchet à Jurary.

En remontant la rivière de Couzon, on arrive à Pavezin, où se trouve la Chartreuse de Sainte-Croix, fondée en 1280 par Béatrix de Roussillon. Cette noble dame, devenue prématurément veuve en 1277, refusa tous les partis qui se présentaient et ne voulut chercher de consolations que dans la piété. D'après la légende rapportée par Chorier, elle vit un jour en songe une croix et des étoiles. A son réveil, la vision reparut et la conduisit jusqu'à Pavezin. Là, elle trouva des gens qui avaient eu aussi leur vision, puisqu'ils savaient qu'elle venait pour fonder un monastère, et qui lui offrirent leurs services pour cette pieuse entreprise. L'acte de fondation de la Chartreuse de Sainte-Croix, qui porte la date du 12 février 1280, a été publié par le Laboureur, dans les *Mazures de l'île Barbe*. La fondatrice fut enterrée en 1306 à la Chartreuse de Sainte-Croix. Un demi-siècle après (le 10 mars 1364), Aymard de Roussillon, le fameux seigneur d'Annonay, complice des Anglais et du roi de Navarre, venait y faire son testament et y fut aussi enterré.

Cet établissement possédait des biens considérables, entre autres le Grand-Bois. La tradition des bienfaits des Chartreux s'est conservée dans le pays. Ces religieux ont été remplacés dans le vieil édifice par une foule de petits ménages. Il y a là certainement plus de vie et de mouvement qu'autrefois ; le bruit moderne a succédé au recueillement monacal; au lieu des lentes psalmodies, on entend les cris des enfants et les querelles des femmes, et c'est une vraie fourmilière qui a pris possession du sanctuaire et des cellules (1).

---

(1) L'opuscule de M. Vachez sur la *baronnie de Riverie* contient une gravure de la Chartreuse de Sainte-Croix, d'après une peinture qui existait à la Grande-Chartreuse.

M. Vachez a réuni tous les éléments de l'histoire de cet établissement religieux, et nous espérons qu'il ne tardera pas à compléter son travail et à le publier.

Nous allâmes coucher le même soir à Condrieu, où nous remémorâmes longuement, dans une chambre d'auberge, les splendeurs naturelles que nous avions admirées en route, et les impressions de toutes sortes que ce pittoresque voyage nous avait fait éprouver.

Mon ami Henri Gard alla, l'année suivante, faire son cours de droit à Grenoble, mais il y fut beaucoup moins assidu à l'école de droit qu'à la bibliothèque, où l'entraînait une véritable passion pour les manuscrits illustrés du Moyen-Age. Il passa néanmoins avec une grande facilité tous ses examens, car il était d'une intelligence rare. Reçu avocat, il vint à Lyon, où, comme à Grenoble, il fréquenta beaucoup plus la bibliothèque que le palais. Il était d'une rare érudition pour son âge, sans compter un sens artistique des plus développés ; mais une preuve qu'il n'était pas fait comme les autres, c'est qu'il alla un matin réveiller un de ses camarades, étudiant en médecine, pour lui demander à brûle-pourpoint ce qu'il pensait de l'immortalité de l'âme.

L'autre lui répondit, furieux, que l'on ne s'occupait pas de cela à l'école de médecine et qu'on le laissât dormir.

Henri Gard alla un peu plus tard à Paris, où l'éditeur Curmer l'employa pour ses magnifiques éditions des *Heures d'Anne de Bretagne* et des *Evangiles*, dont presque toutes les vignettes sont de lui.

Mon ami Henri Gard est parti, il y a huit ans, pour le grand voyage que nous ferons tous et dont personne ne revient raconter les impressions aux feuilles de son département. Tandis que les hommes d'esprit s'en vont, les Chabourdin restent, et leur règne n'est pas près de finir. Nous avions oublié le nôtre par cette petite envolée dans le passé, quand nous l'entendîmes discuter avec nos compagnons au sujet de ce que pouvait être un personnage que l'on apercevait là haut vers le sommet du Crêt de la Perdrix, comme une colonne noire se profilant dans le ciel bleu.

— C'est un chasseur, disait Chabourdin.

— C'est un botaniste, pensait lord Socrate.

— Il me semble, dit un moment après miss Diana, distinguer une robe noire. — Le botaniste doit être un prêtre.

— Nous le saurons bientôt, dis-je, car il vient évidemment du côté de la Grange.

C'était, en effet, un prêtre et un botaniste, et une heure après nous étions heureux, le chasseur et moi, de reconnaître en lui le savant et digne abbé Jacques, notre ancien professeur de rhétorique, et l'un des hommes les plus distingués qui aient passé dans les collèges de notre pays.

XIII

LA FLORE DU PILAT

Comment il faut enseigner la botanique. — Le grand défilé floral des montagnes. — Le calendrier républicain. — Les herborisations de Claret de la Tourette. — Une famille de savants. — Quelques Flores de la région. — Travaux botaniques sur l'Ardèche. — Le docteur Perroud. — Les herbes des prairies. — L'airelle myrtille et ses usages. — Le myosotis. — La ronde des fleurs.

L'arrivée de l'abbé Jacques, qui consentit volontiers à se faire notre compagnon d'excursions, donna tout de suite à nos entretiens un caractère plus grave et plus scientifique. Lord Socrate parut enchanté de rencontrer un si savant cicérone, et comme l'abbé parlait parfaitement l'anglais, les relations devinrent très rapidement plus que courtoises, c'est-à-dire amicales, entre lui et nos deux insulaires. Miss Diana se félicitait d'avoir un botaniste pour répondre à ses questions et lui dire le nom et les vertus des plantes qu'elle cueillait avec ardeur dans l'immense prairie de la Grange.

L'abbé Jacques n'était pas de ces savants vulgaires qui, par pédantisme ou ignorance, semblent prendre à tâche, par des noms en *us* et des classifications barbares, de rebuter les néophytes. Il savait, au contraire, les initier tout doucement et agréablement à la science en ne disant, pour commencer à ceux qui l'écoutaient, que ce qui était de nature à les intéresser. Je me souviens qu'au collège, il nous avait appris à connaître la plupart des plantes à leur conformation extérieure, à leur physionomie et à leurs usages, bien avant d'aborder les classifications. Quand, plus tard, il nous enseigna celles-ci, la connaissance que nous avions déjà du monde végétal enlevait à cette étude tout ce qu'elle aurait eu sans cela de troublant et d'aride. Il aimait à appeler les plantes par leurs noms vulgaires qui, d'ailleurs, sont généralement caractéristiques et les dépeignent beaucoup mieux que leurs noms officiels. Il ouvrit sa boîte pour nous montrer sa récolte de la journée et de la veille. Nous y vîmes, entre autres individualités végétales plus ou moins rares du Pilat :

Des fleurs d'arnica, le souci des montagnes, qui passe pour le grand guérisseur des plaies ;

La busserolle ou raisin d'ours des Alpes, dont la baie rouge n'est pas meilleure que celle de l'arbousier ordinaire, déjà baptisé par Linné du nom d'*unedo*, parce qu'on n'a guère l'envie d'en manger plus d'une fois ;

Des gousses sèches du genêt purgatif, dont la fleur d'un beau jaune citron a une odeur de vanille (sorte de séné qui joue un grand rôle dans la médecine des campagnes) ;

Un grand laitron à fleur bleue ;

Le gypsophile des murs, au port grêle et aux fleurs roses rayées ;

La dame de onze heures (ornithogale), plante bulbeuse, au corymbe de fleurs blanches, vertes en dehors ;

Le lotier corniculé, dont les fleurs jaunes en capitules ressemblent à de petits sabots d'or ;

Le lycopode à massue, plante rampante, que les indigènes du temps de du Choul appelaient *herbe déserte* et qui passait pour éloigner le tonnerre et rendre inféconds les animaux qui en portaient sur eux ;

Le *cacalia pétasite*, dont les grandes feuilles cordiformes sont blanches en dessous; cette plante aime les terrains humides et fleurit rarement ; les montagnards disent que lorsque ses feuilles fléchissent et s'abaissent, c'est un indice d'orage ;

De grandes gentianes jaunes et de petites gentianes bleues;

Des cyclamens d'Europe, dont la souche charnue sert de vermifuge aux pourceaux;

Des œillets du rouge le plus vif;

Des aconits, des soldanelles, des lys martagon, des digitales, etc.

Le bleu, le jaune, le rouge sont les trois couleurs maîtresses de la flore des montagnes, et elles y apparaissent avec un éclat tout particulier et dans un désordre apparent où tout esprit contemplateur ne tarde pas à découvrir un art profond.

Les lichens abondent dans les bois du Pilat; le *nivalis*, dont parle la Tourette, n'est autre sans doute que l'usnée barbue, dont les touffes glauques, pendant aux branches des sapins, servent aux enfants qui veulent se costumer en dieux marins, pour se faire des moustaches et des barbes vertes.

— Que vous êtes heureux, dis-je à l'abbé, de connaître toutes ces plantes aussi à fond que vous connaissiez autrefois les élèves de votre classe! N'est-ce pas charmant de vivre ainsi dans l'intimité de ce monde fleuri, éphémère, mais éternellement renaissant? Combien nous vous envions, nous profanes, qui ne connaissons que les gros, les décorés, les fonctionnaires, ceux qui ont uniforme et panache dans les jardins ou qui font du bruit dans les traités de botanique, tandis que vous savez distinguer et appeler par leur petit nom les humbles qui, souvent, rendent plus de services que les autres.

— Oui, dit l'abbé, tous ces végétaux, petits et grands, sont des amis. Je leur parle et ils me répondent, et je n'en finirais pas si j'essayais de répéter tout ce qu'ils m'ont appris. Mais vous n'en avez aujourd'hui qu'une idée imparfaite. Il faudrait venir ici au début du printemps et rester jusqu'à la fin de l'automne, pour bien voir le grand défilé des légions florales et se faire une idée de leur richesse et de leur variété. La fête du printemps commence même avant la fin de l'hiver, puisqu'on voit, dès le mois de février, les fleurs solitaires de la nivéole lutter de blancheur avec la neige ou se détacher éclatantes dans l'émeraude des prés.

En mars et avril, c'est le chœur des violettes et des boutons d'or qui chantent dans des gammes différentes le réveil de la terre. Les fleurs des prés, comme celles des arbres fruitiers, ont des reluisements d'or et d'argent et des étincellements de pierres précieuses, qui témoignent de l'opulence du grand maître de la nature.

Voici les narcisses, dont la corolle pâle est ornée d'un cercle d'or bordé de rouge ; le lys des vallées (muguet de mai), dont le vent agite les grelots d'argent ; le sceau de Salomon aux élégants cylindres ; l'anémone pulsatille, qui semble une tulipe violette dans les taillis ; le daphné mézéreon aux fleurs blanches et rosées, qui naissent de la branche même ; le trolle aux globes dorés ; l'ancolie aux formes étranges dont la tête bleue semble un casque bizarrement découpé ; le scille à deux feuilles, avec ses grappes de fleurs azurées ; le cytise des Alpes et une foule d'autres de toutes formes et de toutes nuances.

A ce concert de couleurs vives et tranchées, il faut joindre l'accompagnement des eaux chantantes et des brises printanières qui secouent les forêts et répandent au loin leurs pénétrantes senteurs.

Beaucoup de plantes restent fleuries tout l'été. La vipérine à la tige barbue, avec sa grappe terminale teintée de rose et de bleu, affecte un air hippocratique, comme si l'on croyait encore à son efficacité contre les morsures de serpents. La stellaire des bois déploie, de mai à juillet, ses beaux panicules blancs. La petite centaurée étale ses fleurettes de corymbes roses. L'épilobe à épis, laurier de Saint-Antoine, a aussi des grappes roses qu'elle aime à cacher dans les lieux frais : c'est à une de ses congénères du Mexique que nos jardins doivent le fuchsia. La spirée ulmaire, reine des prés, aux belles panicules blanches, d'où les chimistes ont extrait le salycilate de soude, ce merveilleux remède contre les douleurs rhumatismales, aime aussi les endroits humides. Les géraniums blancs ou roses, les millepertuis jaunes, veinés de rouge, les mauves roses et violettes, les polygalas aux fleurs blanches avec les anthères lilas, les chrysantèmes à disque jaune, étoilés de rayons blancs, le lychnis des bois ou compagnon rouge et mille autres, différents de port, de forme, d'odeur et de couleur, parent la montagne la plus grande partie de l'été.

L'aconit-napel, dont les beaux thyrses bleus font l'ornement des jardins, fleurit en août et septembre.

On trouve l'arnica en fleur, sur ces hautes montagnes, jusqu'au milieu du mois d'août, avec la fleur solitaire de la gentiane bleue, l'achillée au corymbe d'argent, la digitale pourprée, qui aime surtout les sols schisteux, le seseli des montagnes et d'autres espèces tardives.

Les fleurs violettes du colchique d'automne forment l'arrière-garde de l'armée de Flore et marquent dans les prairies la fin de la belle saison.

Les floraisons varient naturellement selon l'altitude, l'abri et les variations atmosphériques, mais elles n'en suivent pas moins une règle générale, formant pour le montagnard qui l'aurait attentivement observée, une sorte de calendrier de Flore, aussi sûr et plus poétique que l'almanach de Mathieu Laensberg.

Cette idée de calendrier donna à Chabourdin l'idée de faire le panégyrique du fameux calendrier républicain de la Révolution, dont il s'efforça de démontrer la supériorité sur le calendrier grégorien, en louant hautement le *Rappel*, organe de l'illustre poète Victor Hugo, et les autres feuilles radicales qui continuent à se servir du calendrier républicain.

— Avouez, dit-il, que germinal, prairial, floréal pour le printemps, thermidor, messidor, fructidor pour l'été, sont bien autrement gracieux, poétiques et significatifs qu'avril, mai, juin, juillet, août et septembre. Et de même pour les six autres. Avouez enfin, qu'une fois l'habitude prise, ce qui n'est qu'une question de temps et de poigne administrative, le bon sens populaire n'aurait pu que gagner à une méthode si naturelle de désigner les saisons.

— Vous n'oubliez qu'une chose, lui répondit l'abbé, et ce n'est pas étonnant, puisque les savants de l'époque républicaine n'y ont pas songé eux-mêmes, et puisque le *Rappel* n'a pas encore eu l'air de s'en douter, c'est que ce calendrier n'a visé que la France ou, si vous voulez, la latitude de notre pays, et que son application devient impossible jusqu'à l'absurde, à mesure qu'on descend vers le sud? Avez-vous réfléchi, par exemple, que notre mois de juillet (thermidor) correspond au janvier (nivôse) de l'Australie ? Auriez-vous la prétention d'imposer des appellations à contre-sens aux gens de l'autre hémisphère, ou bien vous résignez-vous à faire un calendrier particulier à chaque latitude, ce qui, vous en conviendrez, produirait un certain imbroglio dans les rapports du commerce international ?

L'esprit commercial de Chabourdin fut frappé de l'observation. Il se contenta de dire :

— Vous avez raison, cette fois, et je ne comprends pas que des journaux faits par des gens d'esprit, comme le *Rappel*, n'aient pas encore fait cette réflexion !

Le Pilat était jadis renommé par ses plantes médicinales, auxquelles on attribuait des cures merveilleuses. Jean Pélisson raconte qu'une sienne cousine « Etiennette Pélisson, veuve de M. Pierre Chaulvet, de Condrieu, nourrie au pied dudit mont Pilat, en connaît certaines de la racine desquelles il n'est playe qu'elle ne guérisse incontinent ».

On est moins crédule aujourd'hui. D'ailleurs, les progrès de la chimie ont singulièrement réduit l'usage des simples. Mais ici encore, il semble qu'on soit allé d'un excès à l'autre; on a abandonné presque entièrement aux empiriques un domaine d'une richesse incalculable, et nous sommes convaincu que tôt ou tard une réaction s'opèrera sur ce point dans le monde médical.

M. Seytre prétend qu'on trouve à Fontclaire le rhododendron des Alpes ; mais l'abbé Jacques l'avait vainement cherché et il était convaincu que l'honorable patriarche de Doizieu s'était trompé.

Il avait aussi vainement cherché le magnifique seneçon argenté, dont une colonie venue, on ne sait comment, des Pyrénées, s'est implantée sur le Mézenc, et qu'on n'a pu, dit-on, acclimater ailleurs. Toute la plante est couverte d'un poil ras qui la fait paraître blanche. La fleur est d'un beau jaune.

Claret de la Tourette raconte qu'il passa trois journées à herboriser sur le Pilat (du 24 au 27 juillet 1769) et qu'il y constata l'existence « d'environ 540 espèces, dont 40 alpines très rares, 130 des montagnes subalpines, et enfin 370 qui viennent un peu partout, parce qu'elles sont médicales. »

Le catalogue des plantes du Pilat donné par la Tourette est assez incomplet, comme il l'avouait lui-même. M. Bravais, médecin à Annonay, publia, vers la fin du siècle dernier, une note dans laquelle il signalait quelques espèces omises. M. Bravais terminait en appelant l'attention sur la flore du Mézenc, alors inconnue ou à peu près, comme offrant bien plus de richesses botaniques en plantes alpines. On comprend, en effet, que le Mézenc, dont l'altitude atteint 1,774 mètres, renferme bon nombre de plantes alpines qui ne se trouvent pas au mont Pilat. Au reste, ni le vrai *Ranunculus glacialis,* ni le *Rhododendron* ne se rencontrent dans le centre de la France.

Louis Bravais, médecin à Annonay, avait été chef de clinique sous le docteur Récamier. Il communiqua au congrès scientifique de Lyon en 1841 un *Examen de la disposition spiralée des parties des fleurs.* En 1843, il publia, dans l'*Annonéen,* des *Promenades dans un jardin botanique.* Deux de ses enfants se sont fait un nom dans les sciences : ce sont l'abbé Camille Bravais, que M. Mulsant mentionne comme étant le savant de l'Ardèche qui a cultivé avec le plus de succès l'histoire naturelle (1), et Auguste Bravais, le courageux et savant officier de marine, membre de l'Académie des sciences, célèbre par ses expéditions scientifiques au pôle Nord et par ses observations au sommet du mont Blanc (les premières que l'on eût faites depuis Saussure). Auguste Bravais mourut prématurément en 1863. Sa veuve se fit religieuse, et c'est d'elle qu'il

---

(1) *Souvenirs du Mont Pilat*, t. 2, p. 126.

était question quand les journaux annonçaient, le 8 février 1885, la mort de la Sœur Marie-Madeleine de Jésus, mère assistante des Clarisses de Versailles.

M. Mulsant donne de la flore du Pilat un tableau plus complet que les précédentes. Mais la publication la plus récente sur ce sujet est le rapport de M. Lacroix sur l'herborisation que la Société botanique de France fit sur cette montagne en 1876, pendant la session extraordinaire tenue par cette Société à Lyon (1). Le docteur Saint-Lager a donné aussi, dans les Annales de la Société botanique de Lyon (1874), un aperçu de la géologie et de la botanique du Pilat.

On causa des Flores publiées dans les divers départements de notre région, et l'abbé eut le regret de constater que l'Ardèche était restée, sous ce rapport, bien en arrière de ses voisins. L'Auvergne a sa Flore, publiée par Delarbre en 1800. Il existe une Flore du Velay du docteur Hilaire Latourette, parue au Puy en 1848. La Flore du Dauphiné, de Mutel, est de la même époque. La Flore du Gard, de M. Pouzols, est de 1857. Il est fâcheux qu'on attende encore la Flore du Vivarais, alors que tous les botanistes qui ont visité

---

(1) Voir le t. 23 du Bulletin de cette Société.

ces montagnes reconnaissent y avoir trouvé, non seulement une sorte de résumé de toute la Flore française, à cause de la diversité des climats et des altitudes, mais encore bon nombre de plantes particulières ou assez rares. On peut consulter à cet égard les travaux de MM. Grenier et Godron dans la Flore de France. M. Jordan, le célèbre botaniste lyonnais, y a fait une ample moisson d'espèces nouvelles qu'il a décrites dans son *Pugillus* ou dans la *Flore du Centre*, de M. Boreau.

En fait de travaux spéciaux sur la Flore de l'Ardèche, nous ne connaissons que les suivants :

1° *Liste des plantes monocotylédones et dycotylédones qui croissent spontanément ou qui sont généralement cultivées dans l'Ardèche*, arrangées d'après les systèmes de Jussieu et de Candolle, publiée par M. Bonnet des Claustres dans l'*Annuaire de l'Ardèche* de 1839 ;

2° *Quelques herborisations dans les environs de Privas*, par M. Personnat, dans le *Bulletin de la Société des lettres et des sciences de l'Ardèche* (1861);

3° Enfin, les *Excursions botaniques dans l'Ardèche*, du docteur Perroud, de Lyon, publiées récemment dans le *Bulletin de la Société botanique lyonnaise*. Elles comprennent les régions de Thueytz, Montpezat, le Teil et Rochemaure, le Coiron, Vallon et le Pont-d'Arc, Saint-Remèze et le Bourg-Saint-Andéol, Annonay, Satillieu et la

Louvesc, le bois de Païolive, les Vans et Villefort, et enfin Serrières et Peyraud.

Les excursions du docteur Perroud dans l'Ardèche, surtout celle de la Louvesc, lui ont fourni l'occasion de constater une grande différence, non seulement entre la flore de la partie septentrionale et celle de la partie méridionale du département, ce qu'il était facile de prévoir, mais encore entre ces flores et celle du massif du Pilat, ce que ne pouvaient faire supposer ni l'identité de la composition chimique ni les altitudes à peu près les mêmes des deux systèmes montagneux.

Le docteur Perroud s'étonne de trouver dans les montagnes de gneiss qui bordent la route de Vals-les-Bains à Thueytz un certain nombre de plantes bien connues pour leur amour des sols siliceux, et, en même temps, d'abondantes touffes de buis.

Au Teil, il constate que la flore n'est pas exclusivement siliciphile, ce qui lui donne à penser que la silice y est fortement mélangée de carbonate de chaux.

Entre le Teil et Joviac, il remarque de belles touffes de buis sur les grès (?) qui forment le sol de cette région, à côté de nombreux pieds de bruyère commune et de bruyère à balais, ce qui montre la complexité de composition chimique du terrain et la présence d'une certaine quantité d'éléments calcaires au milieu des roches siliceuses qui le constituent.

Notons, en passant, que cette présence du calcaire dans le sol de la région du Teil, qui a pu étonner un Lyonnais, n'a jamais fait de doute pour aucun géologue de nos contrées. Les couches calcaires sur la rive vivaraise du Rhône commencent à Lavoulte, et ce sont les bruyères, plantes des terrains siliceux, et non pas les buis, produits accoutumés du terrain calcaire, qui sont l'exception dans cette région de l'Ardèche. Les calcaires néocomiens règnent de Baïx à Viviers et servent à la fabrication de cette puissante chaux hydraulique de Lafarge, dont l'exportation s'étend aujourd'hui à toutes les parties du monde. Ajoutons à ce propos que, d'après les savants, la supériorité de cette fameuse chaux tiendrait précisément à ce que le silicate de chaux y est accompagné d'une certaine quantité de chaux libre, laquelle est regardée, par les gens compétents, comme nécessaire pour former, avec l'acide carbonique, un bouclier protecteur du carbonate de chaux.

Le docteur Perroud signale, parmi les espèces rares qu'il a trouvées dans l'Ardèche :

L'antirrhinum asarinum, dans les environs de Neyrac et aux ruines de Pourcheyrolles, avec la *campanula rotundifolia*, la digitale pourprée et la silène saxifrage ;

Le *notochlaema squammosa*, l'une des rares fougères de France, qu'on trouve près du pont du Doux, à Tournon, et aussi à Mayres, Vals et près des Vans ;

Le *saxifraga pedatifida*, une des raretés de la flore européenne, qui pousse dans les micaschistes de la Plagne d'Elze, près du Mas-de-l'Air, entre les Vans et Villefort. Cette espèce est indiquée: dans la Lozère, près de Villefort, à Ponteils, au bois du Faux des armes, et à Florac; dans le Gard, à Lesperon, à Concoule, à Lourette, près du Vigan ; dans l'Hérault, au Caroux, dans le vallon d'Eric ; et enfin dans l'Ardèche, sur les rochers d'Avran (sans doute le rocher d'Abraham, près de Mayres) ;

Le *cytisos hirsutus*, dans le vallon de Malecombe, près de Peyraud ;

Enfin le *carduus vivariensis* qui, sur le bord des lieux incultes, dresse ses calathides solitaires sur ses pédicules tomenteux. Si les savants, et surtout les botanistes, n'étaient pas des gens essentiellement graves, on pourrait soupçonner de malice le docteur Jourdan qui, le premier, a attaché le nom du Vivarais à un chardon ; mais que les braves gens de ce pays se tranquillisent, le *carduus vivariensis* n'est pas le privilège exclusif de l'Ardèche. Le docteur Perroud constate, en effet, que sa spécialité s'étend « aux massifs montagneux de la Lozère et des Cévennes, du Gard et de l'Hérault. On le retrouve aussi dans quelques localités de l'Aveyron, du Cantal et des Pyrénées-Orientales. »

L'abbé Jacques, qui avait connu Etienne Mulsant, nous raconta que l'auteur des *Souvenirs du mont Pilat* avait été élevé chez les Oratoriens de Tournon, et que c'est dans l'Ardèche que son esprit s'était ouvert à l'amour de la botanique, puisqu'il y commença son premier herbier à l'âge de quinze ans. Cet herbier, qui a été donné à l'Institut des Frères de Sainte-Marie, à Saint-Chamond, contenait, outre la désignation spécifique des plantes et leur synonymie, une courte indication de leurs propriétés médicinales et industrielles. C'est sur ce modèle que nous voudrions voir écrire une Flore de l'Ardèche, et il nous semble qu'elle ne peut être bien faite que par ou avec la collaboration de quelqu'un du pays, car il est essentiel d'y introduire toutes les appellations locales des plantes indigènes, ainsi que les usages qu'en font les habitants et les traditions raisonnables ou absurdes qui s'y rattachent.

La Flore du Velay, d'Hilaire Latourette, a réalisé, mais trop maigrement, ce programme. Nous avons été frappé, en la parcourant, des analogies qui existent entre les noms et les usages des plantes dans le Vivarais et le Velay.

Un abbé de la Drôme, M. Moutier, a publié récemment, dans le *Bulletin d'archéologie* de Valence, un petit glossaire patois des végétaux du Dauphiné. Il serait à désirer que cet exemple fût suivi dans toutes nos provinces. Il y aurait déjà un curieux travail de rapprochement à faire entre les noms vulgaires donnés aux végétaux de l'autre côté du Rhône et ceux qu'ils portent dans le Vivarais, le Forez et le Velay.

L'Ardèche, réunissant sur un tout petit espace les terrains, les altitudes et les climats les plus divers, peut être considérée, au point de vue botanique, comme un abrégé de la France entière. A Viviers et au Bourg-Saint-Andéol, c'est la végétation provençale avec les lauriers-roses en pleine terre, s'entremêlant à la zone de la vigne et du mûrier ; c'est aussi le royaume des labiées odorantes que butinent les abeilles sur les Gras (causses vivaroises) pour en former un miel sans pareil (Orgnac, Bidon et Saint-Remèze). Puis vient la région des châtaigniers, qui correspond à l'altitude préférée des crucifères et des ombellifères, avec une température moyenne de zéro en hiver et de 15° en été. Ce grand amphithéâtre végétal est couronné par les bois de hêtres et de sapins, que domine encore la région des saxifrages et des mousses, avec les grands pâturages qui vont jusqu'au sommet du Mézenc, où commencent les plantes alpines.

Soulavie (1) voulait qu'on établît en France trois grands jardins botaniques : à Montpellier, pour les plantes des pays chauds; à Paris, pour la zone tempérée, et sur le Mézenc, pour les plantes alpines. Cette idée, fort raisonnable à la fin du siècle dernier, semble avoir perdu, depuis, son à propos, à cause de la facilité des voyages, attendu qu'il est plus facile aujourd'hui d'atteindre les glaciers des Alpes que les hauteurs du Mézenc; mais l'Ardèche n'en reste pas moins, dans son ensemble, le pays où l'on peut, en moins de temps, voir défiler sous ses yeux la totalité de la flore française et comparer de plus près la diversité des productions végétales de notre pays. Et c'est là ce qui nous fait regretter encore plus l'absence d'une Flore du Vivarais.

L'abbé nous fit voir, dans la plupart des plantes sauvages, l'origine des espèces cultivées, que l'homme a, pour ainsi dire, apprivoisées et accommodées à son agrément ou à ses besoins.

— Dernièrement, dit alors le chasseur, je visitais un des premiers établissements d'horticulture de

---

(1) *Histoire naturelle de la France méridionale*, t. 8.

notre région, celui des Bonnefont, d'Annonay (1). Or, en visitant la serre et les jardins, j'éprouvais, moi, habitué des montagnes, le sentiment de quelqu'un qui revoit une foule de connaissances ayant plus ou moins changé d'habits ou d'allures, comme qui dirait des paysannes endimanchées. En regardant plus attentivement les fleurs, j'aurais pu dire à chacune d'elles : Je te connais, beau masque, mais je t'aimais encore mieux dans ta simplicité et ta vigueur sauvage sur le Pilat.

L'abbé nous montra, dans la structure des plantes, la sollicitude de la Providence, qui a pourvu la plupart d'entre elles d'un appareil défensif, sans lequel elles ne rempliraient pas les fonctions auxquelles répond leur existence. Mille tribus d'insectes ou autres animaux sont toujours prêtes à les dévorer. Les unes se défendent par des poils, par l'aspérité de leur tige ou par l'amertume de leur suc. D'autres suintent une glu où s'empêtrent les pattes de leurs ennemis. D'autres les endorment ou les empoisonnent. Et plus une plante est sauvage, mieux elle est pourvue de défenses naturelles, tandis que les espèces cultivées les perdent, comme si elles s'en remettaient alors à l'homme du soin de les protéger.

---

(1) Cet important établissement est dirigé aujourd'hui par M. Gabriel du Sert.

Mais ce n'est pas seulement à l'égard des plantes que la sollicitude de la Providence se manifeste dans le règne végétal, car celui-ci fait la contre-partie de la respiration des animaux, en restituant à l'air l'oxygène que nous avons usé, et, sans les plantes, l'atmosphère, saturée d'acide carbonique, serait irrespirable pour l'homme et les animaux.

Les prairies du Pilat donnent un foin très renommé. Les cochers estiment qu'il vaut de l'avoine pour leurs chevaux, qui, effectivement, paraissent fort en apprécier la saveur. Claret de la Tourette avait déjà remarqué que l'ombellifère connu sous le nom de *Meum*, et que les paysans appellent *Cithre*, ne se trouve nulle part en aussi grande quantité. L'abbé nous y montra la phléole des Alpes, à épillets purpurins, assez semblable du reste à la phléole des prés, le *Timothy Grass* des Anglais; des avoines sauvages fort jaunâtres; la bistorte, aux épis roses, si recherchée des vaches; la fétuque, très aimée des moutons; des poas, des trèfles, des scabieuses, des plantins, etc. La flouve (*anthoxantum odoratum*) nous y parut aussi fort abondante, et peut-être est-ce en grande partie au *meum* et à la flouve que le foin du Pilat, comme celui des hautes montagnes du Vivarais, doit ses qualités.

On sait que le meilleur foin est celui des terres légères, fraîches sans être humides, des hautes montagnes, et l'on sait aussi que l'ensemble des herbes de nos prairies naturelles est composé surtout de graminées, de légumineuses et de synanthérées.

La plupart des plantes du bas pays se retrouvent au Pilat, mais souvent avec une allure différente et des couleurs plus éclatantes, sans doute parce qu'elles sont plus près du ciel et respirent un air plus vif, peut-être aussi parce six ou huit mois de repos fécond sous la neige leur donnent plus de vie le reste de l'année. On voit là telle véronique, potentille ou campanule, qui a l'apparence d'une plante exotique. Les fleurs bleues des borraginées y brillent comme des yeux vivants sous des sourcils de verdure.

Les plantes les plus nuisibles aux prairies sont l'anémone des Alpes (d'ailleurs assez rare au Pilat), la grande gentiane et l'hellébore blanc.

Des conversations à bâtons rompus coupaient souvent notre promenade.

— Connaissez-vous, monsieur, dit l'abbé à Chabourdin, cette plante qui dresse, au milieu des herbes, son beau thyrse de fleurs bleues ?

— Non.

— C'est l'aconit, un poison dont les animaux ne veulent pas, mais que les homœopathes préconisent à doses tellement infinitésimales qu'on peut les regarder comme destinées à agir simplement sur l'imagination, ce qui d'ailleurs, n'est pas si sot. Et celle-ci ?

— Elle a mauvais air aussi ; ce doit être encore un poison.

— Oui, c'est le *raraïre*, ou hellébore blanc ; voilà deux poisons, mais il y en a bien d'autres dans les prés.

L'Anglais intervint :

— Savez-vous, M. Chabourdin, que si les animaux étaient aussi bêtes que nous, ils seraient bien vite empoisonnés ?

— Heureusement, répondit gravement le commis-voyageur, ils ont l'instinct pour les préserver, comme nous avons, nous, la raison et la science.

— Etes-vous bien sûr, dit l'Anglais, que nous ayons la raison et la science ? Quant à cette science innée des animaux que vous appelez l'instinct, je serais curieux de savoir qui la leur a donnée ?

— Personne, c'est la Nature qui agit en eux.

— Quelle belle chose que la Nature ! dit le chasseur, qui vint se mêler à la conversation ; mais savez-vous, M. Chabourdin, que vous faites du plagiat et que Molière pourrait vous attaquer devant la Société des gens de lettres. Pourquoi l'opium fait-il dormir ? dit un de ses personnages. — Parce qu'il a la vertu dormitive, répond l'autre. On vous demande qui a donné l'instinct aux animaux. Vous répondez qu'il est naturel chez eux. On pourrait vous demander pourquoi c'est naturel chez eux, comment il se fait qu'ils soient, sous ce rapport, plus savants que les hommes, ou bien qui a fait la Nature. Mais tout cela nous mènerait trop loin.

— Avouez au moins, dit l'abbé, que cette nature est pleine d'intelligence et de sollicitude pour les animaux ; cela se voit jusque dans le foin qu'on leur donne. Ce foin comprend, en effet, bon nombre d'herbes malfaisantes dont il serait impossible de faire le triage, et les animaux seraient encore plus exposés à s'empoisonner si elles gardaient à l'état de foin leurs propriétés funestes. Or, voyez comme les choses sont bien combinées : la plupart des poisons sont volatils, en sorte que les animaux, déjà préservés par leur instinct, ou simplement par un odorat plus subtil que le nôtre, du poison quand la plante est fraîche, le sont par la disparition du poison quand elle a passé à l'état de foin.

— Il est certain, dit Chabourdin, qu'il y a quelque chose là-dessous et que nous entendons par Nature une foule de choses inexplicables.

— Celle-ci, par exemple, M. Chabourdin, que, bien que nous soyons ici en plein pays granitique, les écrevisses ne manquent pas dans les fontaines du Pilat, et qu'elles y trouvent les éléments de leur enveloppe calcaire tout comme si elles vivaient dans les calcaires du Bas-Vivarais. De même pour les poules, M. Chabourdin ; elles font des œufs à la grange du Pilat tout comme au Bourg-Saint-Andéol, et les coquilles en sont les mêmes partout, c'est-à-dire qu'il entre dans leur composition tout autant de carbonate de chaux ici que là-bas.

— C'est, en effet, assez singulier, dit le commis-voyageur.

— Quant à moi, dis-je, je suis surtout frappé de la sollicitude de la nature pour la santé du roi des animaux, et, sans être un profond botaniste comme M. l'abbé, je vois fort bien que les plantes médicinales ont été réparties sur la terre en raison des maladies régnantes. Vous nous avez parlé, M. Chabourdin, de votre robuste santé et nous vous en félicitons avec l'espoir que... la Nature vous la conservera longtemps. N'avez-vous pas cependant quelquefois des rhumes ?

— Hélas ! qui en est exempt ?

— Vous devez donc être fort reconnaissant à la Nature, qui a mis partout des plantes de cette intéressante famille qu'on appelle les borraginées, en y suppléant, dans le Nord, par les lichens. Tous ces végétaux ont une vertu pectorale et adoucissante, malgré l'aspect rébarbatif qui provient de leurs poils ou piquants. Ce sont les bourrus bienfaisants de la botanique, outre qu'on mange leurs fleurs en salade comme les capucines, ce que vous ne saviez peut-être pas, M. Chabourdin!

Un montagnard vint à passer; il portait des sabots.

— Où achetez-vous ces sabots, mon brave?
— A Doizieu.
— De quel bois sont-ils faits ?
— De *verne* (aulne).
— Pourquoi le verne plutôt qu'un autre bois?
— Parce que ce bois est léger et qu'il n'y a jamais ni vers ni insectes.
— Ne dirait-on pas, dis-je à Chabourdin, que la Nature a fait venir les vernes précisément dans tous les endroits humides où l'on a besoin de sabots, de même qu'elle fait pousser les bourraches et les guimauves partout où l'on s'enrhume?
— Inclinons-nous, dit Chabourdin, devant les mystères de la Nature!

Après avoir énuméré les arbres et les arbustes du Pilat, la Tourette ajoute : « On y cueille des fraises jusqu'à la fin du mois de novembre. L'airelle est commune ; les bergers en ramassent le fruit dans tous les bois : c'est une baie légèrement acide, assez agréable au goût, fraîche à la bouche et très rafraîchissante ; on en porte souvent à St-Etienne. »

L'airelle, déjà mentionnée par du Choul, abonde, non-seulement dans les bois du Pilat, mais aussi sur toutes les hautes montagnes du Vivarais, du Forez et de l'Auvergne.

Les botanistes en distinguent quatre espèces qui, toutes, se trouvent au mont Pilat :

Deux à baies rouges qui sont : la coussinette ou canneberge (*vaccinium oxycoccus*), airelle des pays du Nord, dont les Russes font une boisson de couleur rosacée, rafraîchissante et anti-scorbutique : on la trouve à Praveilles, au sommet du Grand-Bois ; — et la vigne du Mont-Ida (*vaccinium vitis Idææ* ou bien airelle du Renard), assez commune sur tous nos plateaux de bruyère, dont elle fait l'ornement par ses fleurs, son fruit rouge et son feuillage toujours vert ;

Et deux à baies bleues, qui sont l'airelle des marais (*vaccinium uliginosum*), commune dans les Alpes et qu'on trouve près de la source du Gier, et l'airelle myrtille (*vaccinium myrtillus*), la meilleure sans contredit, en même temps que la plus commune des quatre airelles du Pilat.

L'airelle myrtille est un arbuste qui atteint tout au plus un pied de hauteur, d'un feuillage très élégamment découpé, avec des grappes de fleurs blanches un peu rosées, en grelots, auxquelles succèdent des baies rondes d'un bleu à nuance pourpre noirâtre, de la grosseur d'une petite cerise, qui ont une chair violette légèrement acide. On ramasse ces fruits, sur le Pilat, avec une sorte de rateau appelé peigne, fait avec quatre planchettes dont l'inférieure est armée de dents serrées. Une partie des fruits est vendue, à l'état frais, à Saint-Etienne et à Annonay. D'autres en font une boisson que boivent les paysans à défaut de vin et qu'on avait essayé de vendre aux ouvriers stéphavois et lyonnais ; il paraît que l'octroi est venu couper les ailes à cette industrie.

On se sert encore du fruit de l'airelle pour colorer les vins légers et leur donner un goût piquant qui en relève la qualité. Depuis qu'on fait du vin avec des raisins secs, l'airelle paraît jouer un rôle plus considérable pour la coloration de ce liquide, et l'on nous assure que les marchands de vins de Paris en reçoivent maintenant de véritables chargements qui leur sont expédiés de la Forêt-Noire.

En 1886, passant à la Louvesc, nous aperçûmes dans une cour de grands tas d'airelles que l'on faisait sécher au soleil sur des toiles goudronnées. Les leveurs achètent l'airelle fraîche à un sol la livre et la revendent sèche à 1 fr. le kilo.

La récolte étant partout libre comme celle des champignons, les enfants se font là un petit revenu assuré, car la demande ne fait jamais défaut, et les trois leveurs de la Louvesc ne peuvent suffire aux demandes des épiciers de Marseille et de Lyon. L'un d'eux avait expédié, l'année précédente, trente balles d'airelle sèche. La balle, qui pèse deux quintaux, se vend de 200 à 300 fr., selon la rareté.

La même année, passant à Saint-Bonnet-le-Froid, nous apprîmes que, de cette commune, pendant la saison, on expédiait chaque semaine une quarantaine de quintaux d'airelle fraîche à Lyon. Nous devons avouer que le vin d'airelle, qu'on nous fit goûter à Saint-Bonnet, nous parut assez fade, mais on nous affirma qu'il était rafraîchissant et ne fatiguait jamais. On le fait à mesure des besoins, en y ajoutant du sucre.

L'été dernier, au Mont-Dore, le guide qui nous accompagnait au Puy-de-Sancy, nous racontait que l'airelle (qui est appelée *bleuet* dans le pays, à cause de la couleur de ses baies) sert à faire une boisson qui remplace le vin pour les pauvres gens pendant la saison d'hiver. Pour la confection de cette boisson, on ajoute environ trois litres d'eau-de-vie et cinq kilogrammes de sucre par cent vingt litres de jus d'airelle. Les paysans du Mont-Dore en avaient fait environ deux cents hectolitres pendant l'hiver précédent.

En Suède, l'airelle est employée pour teindre en violet toiles et papiers.

Cette plante tient aussi, en France et ailleurs,

une assez grande place dans la médecine des hauteurs. La décoction de ses baies donne une tisane dont on vante les effets, et ces mêmes baies, pilées avec du sel, forment un excellent cataplasme surtout pour faire passer le lait des femmes. En remplaçant le sel par le sucre, on fait des confitures et des sirops. Les habitants de l'Amérique septentrionale préparent avec l'airelle de Pensylvanie des tourteaux de confiture qui se conservent plusieurs années. Les montagnards des Vosges préparent aussi de ces confitures à la façon américaine ; ils tirent encore de ce fruit un sirop rafraîchissant, et le font entrer dans des tartes en guise de raisin de Corinthe.

Pour avoir l'airelle fraîche, les Vosgiens conservent les baies dans de fortes bouteilles dont le bouchon est maintenu par des fils de fer, à cause de la fermentation qui se produit. On les fait cuire au bain-marie pendant une heure ou deux. Dans l'hiver, le contenu de ces bouteilles est employé pour des tartes ou des confitures. L'airelle forme avec la mirabelle (petite prune jaune) et la guetsche (pruneau allongé) le grand élément des conserves des pays lorrains.

Les Vosgiens donnent à l'airelle le nom de *brimbelle*. En Franche-Comté, on l'appelle *bluebacco* (baie bleue), ce qui est peut-être un souvenir de la conquête espagnole.

A Saint-Agrève, on se sert des confitures d'airelles pour couper la diarrhée des enfants.

En Vivarais et en Forez, l'airelle ne se trouve guère au-dessous des altitudes de 1,000 mètres. Dans le Nord, elle vient à des altitudes bien moins élevées, puisqu'elle est très-abondante sur deux points de la forêt de Montmorency, dont l'altitude ne dépasse pas 300 mètres, savoir : près de la taverne de Jules-César, qui est à demi-lieue de Saint-Leu-Taverny, et aux abords du Trou-d'Enfer, entre Andilly et Montlignon. A cette faible altitude, elle nous a paru plus drue, avec des feuilles plus développées et la baie moins âpre que sur les hauteurs des Vosges ou des Cévennes.

Un fanatique du mont Pilat, M. Seytre de la Charbouze, qui ne cache pas son enthousiasme pour l'airelle, conseille de la manger comme la fraise et la framboise avec du sucre et du vin vieux, ou bien en tourteau noir, comme en Amérique. Il prétend qu'elle guérit toutes les maladies des intestins : la dyssenterie, le choléra, la fièvre typhoïde et le typhus.

— Qu'en dites-vous, docteur ? demanda l'Anglais.

— Je me garderai, répondis-je, de contester les vertus de l'airelle ; mais je crois qu'on se porterait mieux en l'imitant qu'en la mangeant, c'est-à-dire en vivant au grand air et loin du contact empoisonné des hommes.

Le chasseur avait cueilli une belle branche de myosotis qu'il offrit à miss Diana. Celle-ci l'accepta avec un gracieux sourire, en disant que cette fleur méritait bien, par son bleu de ciel et son élégant feuillage, d'avoir été choisie comme emblème des purs souvenirs.

Un moment après, Chabourdin ayant voulu offrir, lui aussi, sa branche de myosotis, miss Diana, tout en le remerciant poliment, lui expliqua gravement que les savants avaient donné un bien vilain nom à cette plante en l'appelant *Oreille de souris*, à cause de la forme de ses feuilles, car telle est la signification de myosotis.

Cette diversité de nuance, dans l'accueil fait à deux branches de la même fleur, fit sourire l'abbé Jacques lui-même.

Le commis-voyageur parut, d'ailleurs, trouver une compensation à ce petit mécompte, en retrouvant de nouveau ses traits dans le dernier dessin de la jeune Anglaise : il y était fort bien représenté au milieu d'une ronde de fleurs, ayant des pieds comme des enfants, qui lui barraient le passage en lui demandant le mot de passe.

XIV

LES BÊTES DU PILAT

Une couvée de perdrix, — Le loup. — Poules et dindons. — Le renard et autres pirates à queue touffue. — Le *struggle for life* chez les hommes et chez les bêtes.—L'hermine et le lièvre blanc. Les écureuils. — Les oiseaux et les insectes du Pilat. — Les empoisonneurs de rivières et la coupable indulgence des tribunaux.

Notre seconde journée au Pilat se passa à courir les belles prairies qui entourent les sommets chauves de la montagne. Nous partîmes à l'aube en suivant la lisière des bois.

— Chut! dit soudainement miss Diana, en arrêtant d'un geste toute la caravane.

Et elle nous montra derrière une haie une couvée de perdrix que le père et la mère conduisaient : le père en tête, quêtant pour sa progéniture des insectes et des herbes, qu'il distribuait équitablement, et la mère sur le côté, comme un chien de garde, surveillant toute la bande. On ne saurait imaginer de plus gracieux tableau que celui de ces gentilles bêtes trottinant avec de petits gloussements, tout en becquettant les chenilles, les vers ou les fourmis, et buvant les gouttes de rosée suspendues aux graminées. Oh ! comme je regrettais à ce moment de ne pas connaître la langue des oiseaux !

— Est-ce que vous auriez le cœur de tuer ce père et cette mère de famille ? dit l'Anglaise au chasseur.

— Il est bien fâcheux, répondit celui-ci, que vous ne puissiez pas inspirer ces mêmes sentiments de pitié au renard et à ses compères.

La zoologie du Pilat offre beaucoup moins d'intérêt que sa flore, par la raison bien simple que les fauves et les bêtes rares ont disparu ou sont devenus introuvables, en raison des routes plus nombreuses qui sillonnent ce massif de montagnes et l'ont ouvert complètement à l'action de l'homme. Les actes du XVe siècle y constatent la présence de cerfs et de sangliers, ce qui était aussi le cas du Vivarais. Il y a longtemps que les cerfs ont disparu et probablement aussi les sangliers ; mais ceux-ci étaient encore nombreux au siècle dernier, puisque, d'après le témoignage de Mulsant, plusieurs habitants possèdent de nos jours de grosses clochettes dont leurs pères se servaient pour effrayer ces animaux et les éloigner de leurs plantations. La Tourette parle aussi de chevreuils et même de chamois. Peut-être y avait-il encore des ours au XIVe siècle, puisqu'on en trouvait alors en Auvergne : il résulte, en effet, de documents signalés récemment, par Siméon Luce, que de petits ours étaient envoyés en cadeau, de Clermont et du Puy, au duc de Berry, gouverneur du Languedoc à cette époque.

Au sujet des loups, il faut citer ce passage d'une lettre que le curé de Saint-Romain-Lachalm, près de Dunières, écrivait à Dom Bourotte vers 1760 :

« Le pays est sauvage : les loups y trouvent encore le moyen de se mettre à l'abri des coups de fusil. »

Chabourdin nous montra dans le *Guide Joanne*, qui était son Evangile de voyage, que « le loup et le renard se rencontrent quelquefois sur le Pilat».

— Que peuvent-ils bien se dire ? dit l'abbé en souriant.

Je demandai au chasseur s'il y avait réellement des loups au Pilat.

— On peut répondre, dit celui-ci, qu'il y en a et qu'il n'y en a pas. Pour ma part, je n'en ai jamais vu et M. Seytre de la Charbouze en parle d'une façon prouvant au moins qu'ils y sont rares. Or, il est essentiel de noter que le loup n'est pas une bête domiciliée comme le renard, et, de plus, que c'est un terrible marcheur. Il se peut fort bien qu'abandonnant parfois les régions plus sauvages de l'Auvergne, il fasse des apparitions au Pilat, mais je doute fort qu'il y prolonge son séjour, car le Pilat ne possède plus de recoins assez sauvages pour le cacher. Vous savez que le loup peut courir une journée entière sans être rendu. Il va toujours droit devant lui ; si on l'a manqué au départ, c'est fini, on ne l'atteint plus.

Pour le renard, c'est autre chose ; ces animaux sont très nombreux au Pilat. On raconte dans un livre qu'ils se mettent à deux pour chasser, l'un rabattant le gibier sur l'autre, et celui-ci, quand il a manqué la proie, recevant une correction des pattes du rabatteur et se justifiant, au moins par gestes, de sa maladresse. Je regrette de n'avoir pu vérifier l'exactitude du fait, mais il n'a rien d'impossible. Le renard est un rusé coquin qui mérite les chasses à courre dont il est l'objet en Angleterre et qui, par la prodigieuse quantité de gibier qu'il détruit, justifie l'animadversion spéciale dont le poursuivent nos chasseurs français.

Mais ce qui abonde encore plus que les renards au Pilat, ce sont les fouines à gorge blanche, les martres à collier jaune, les putois gris et les belettes rousses ; et tous ensemble, outre le gibier détruit, prélèvent une dîme fort respectable sur les poulaillers de nos montagnards.

— Je supplie miss Diana, ajouta le chasseur d'un ton légèrement narquois, de ne pas trop s'attendrir sur le sort des poules. Peut-être ne connaît-elle pas la manière dont ces bêtes pratiquent la charité entre elles. Quand une d'elles, par un accident quelconque, est blessée, les autres, comme rendues folles par la vue du sang, se jettent sur elle et l'achèvent avec une véritable férocité. Qui ignore leurs querelles de perchoir? Si l'on n'avait pas la précaution de placer toutes les barres à la même hauteur, elles s'entretueraient toutes, car c'est à qui perchera le plus haut, et aucune ne veut céder.

Il n'y a que les dindons de plus imbéciles à ce point de vue que les poules. C'est pour cela qu'à mon avis on peut les manger les uns et les autres sans remords.

— Mais, dit miss Diana, que diriez-vous si on appliquait ce même raisonnement aux hommes, car ce désir de percher haut n'est pas inconnu non plus parmi eux?

— Vous avez raison, répondit le chasseur. Aussi la puissance inconnue qui joue vis-à-vis de l'espèce humaine le rôle que les hommes et les renards jouent vis-à-vis des poulets et des dindons, ne s'en fait-elle pas faute, et il ne faut pas réfléchir beaucoup pour voir que l'ambition et le reste font parmi nous de nombreuses victimes.

Tout s'enchaîne dans ce monde, continua le chasseur : les bois et les riches prairies, ce qui est le fait des altitudes de douze à quinze cents mètres, quand le sol s'y prête, favorisent naturellement l'accroissement du gibier, en même temps qu'ils enrichissent les fermiers, dont les basses-cours bien fournies alimentent à leur tour la nombreuse tribu des pirates à queue touffue ; mais ceux-ci seraient encore plus nombreux sans la concurrence des chasseurs qui, par la guerre qu'ils font aux lapins, aux lièvres et aux perdrix, les seules pièces de leur plomb au Pilat, restreignent le garde-manger de leurs ennemis et les empêchent de se multiplier outre mesure.

Le lièvre ne se laisse pas trop surprendre par les bêtes puantes, mais le lapin est un grand nigaud dont celles-ci font leur festin habituel ; autant de tués par les chasseurs, autant d'enlevés à la gueule du renard ou de la fouine. Encore un fait, que je supplie miss Diana de prendre en considération, pour qu'elle accorde quelque indulgence à ceux de mes confrères en Saint-Hubert qui ne se bornent pas, comme moi, à chasser le renard. Malgré tout cela, il serait bon de restreindre la chasse dans de plus sévères limites. Aujourd'hui, l'extension du braconnage menace l'existence même des espèces. En temps de neige, c'est un massacre général. Ma conclusion est que les chasseurs de la Loire, du Rhône et de l'Ardèche feraient bien d'imiter leurs confrères de la Haute-Loire, de la Côte-d'Or, et je crois aussi du Puy-de-Dôme, qui se sont formés en syndicats pour la protection du gibier et son repeuplement.

— La protection du gibier par les chasseurs : cela fait rêver ! observa l'Anglais.

— Pourquoi, dit miss Diana s'adressant à l'abbé, les hommes n'appliqueraient-ils pas vis-à-vis des bêtes les maximes de l'Evangile ?

L'abbé ne répondit pas.

— *Struggle for life* ! murmura Chabourdin, enchanté de pouvoir placer un mot anglais dans la conversation. La lutte pour la vie, voilà la grande loi de la nature.

— La lutte pour la vie, répliqua vivement la jeune Anglaise, peut être un fait inévitable entre les bêtes, mais ce n'est pas un principe digne de régir les rapports des hommes entre eux, et même les rapports de l'homme avec les bêtes.

— Il me semble, dit lord Socrate, qu'on a généralement mal compris en France la pensée de notre illustre compatriote Darwin. C'est bien à tort, en tout cas, qu'on en fait une sorte de Père de l'Eglise matérialiste, un apologiste du règne de la force et un initiateur des théories transformistes qui vont jusqu'à faire du singe l'ancêtre de l'homme.

L'*Origine des espèces* est un ouvrage rempli de faits précieux et de savantes observations sur les conditions de la vie des végétaux et des animaux et sur les lois qui président à leur développement. Mais la lutte pour la vie n'y figure pas autrement que comme un fait visible et inéluctable dans un monde qui n'est nullement de la compétence de la morale humaine. Chercher dans les us et coutumes des végétaux et des animaux une excuse aux abus de la force est une idée qui n'est jamais entrée dans la tête de Darwin. On pourrait croire plutôt qu'en traçant les lois brutales auxquelles obéit le monde inintelligent, il a voulu faire ressortir l'abîme qui nous en sépare moralement et montrer que l'espèce humaine, qui est accessible aux idées supérieures de justice, de droit et de devoir, doit se conduire d'après d'autres vues que celles qui règnent dans le royaume des bêtes.

— C'est bien cela, dit l'abbé. Et il n'y a qu'à renverser les termes de l'adage qui exprime la loi de la vie parmi les êtres inférieurs pour trouver la règle sublime de notre espèce : *Life for struggle*; ce qui veut dire que la vie a été donnée à l'homme pour la lutte, le travail et la souffrance.

Je demandai au chasseur s'il avait vu l'hermine dont parle La Tourette comme étant une variété de belette d'un gris fauve avec le bout de la queue noire ; on dit qu'elle est blanche seulement en dessous pendant l'été, puis qu'elle devient complètement blanche pendant l'hiver. Le lièvre du Pilat deviendrait aussi tout blanc pendant l'hiver.

Le chasseur avoua n'avoir jamais vu de ses yeux ni la belette blanche, ni le lièvre blanc, mais, en raison de témoignages assez nombreux, il ne mettait pas en doute leur existence.

L'hermine est très commune dans les pays du Nord et assez rare dans nos climats tempérés. On dit que dans le Nord elle saute dans l'oreille de l'ours ou de l'élan, s'y accroche et se repait de leur sang. Elle surprendrait de la même manière les aigles et les coqs de bruyère.

Dans nos pays, la belette est appelée *Moustelle*, du latin *Mustela*. Elle croque bien des poulets et des pigeons, mais elle rend, d'autre part, de vrais services aux cultivateurs par la prodigieuse quantité de taupes et de mulots qu'elle détruit ; aussi le chasseur déclara que, tout bien considéré, on pouvait hésiter à lui tirer dessus.

L'écureuil est fort abondant dans les bois du Pilat. Ce joli petit quadrupède, qui niche sur les arbres comme les oiseaux, est assez difficile à tirer, parce qu'il sait se mettre à l'abri des chasseurs en tournant autour des branches, dont il se fait une sorte de bouclier, procédé de défense que connaît aussi le chat sauvage. Au reste, ses grands ennemis ne sont pas dans l'espèce humaine, mais dans les fouines et les oiseaux de proie. L'écureuil a reçu, comme la fourmi, le don de prévoyance, car il fait sa provision de noisettes, glands ou faines pour l'hiver.

— Comme j'aimerais à voir un écureuil dans sa liberté des bois ! dit miss Diana.

— Rien de plus facile, dit le chasseur. Il s'avança dans la sapinière, en regardant attentivement au pied des arbres. Au bout de quelques minutes, il nous montra des débris de pommes de pins répandus sur le sol. Les écureuils ont dîné là haut, dit-il ; mais ces restes de leur repas remontent à deux ou trois jours. Un peu plus loin, nous vîmes d'autres débris du même genre, mais plus frais. Pour le coup, dit le chasseur, il y a au moins un écureuil là haut. Tout le monde regarda attentivement et fouilla les hauteurs de l'arbre, mais sans rien apercevoir. Chabourdin semblait railler du regard la science du chasseur.

— Vous allez voir, dit celui-ci, que je ne me trompe pas.

Et saisissant une grosse pierre, il se mit à en frapper vigoureusement le tronc de l'arbre.

Presqu'aussitôt, on vit apparaître deux écureuils qui se mirent en devoir de descendre, mais qui, en nous apercevant, coururent effarés sur les plus hautes branches d'où, par une voltige des plus hardies, ils parvinrent à passer sur les arbres voisins.

Nous les suivîmes de l'œil. Soudain apparut une buse qui guettait les écureuils et se précipita sur eux.

Le chasseur consulta du regard miss Diana, tout en s'apprêtant à tirer sur l'oiseau de proie. Diana, très embarrassée, détourna les yeux, ne voulant pas avoir sur la conscience le meurtre d'un oiseau quelconque. Elle revint promptement à elle, comprenant que c'était un cas de légitime défense de l'écureuil, et fit signe au chasseur de tirer ; mais, bien que tout ceci se fût passé avec une rapidité extraordinaire, il était déjà trop tard : la buse avait emporté un des écureuils, et elle était hors de la portée du fusil.

Les ornithologistes cherchent surtout au Pilat le bec-croisé qui mange les graines des cônes de sapins ; mais l'espèce en est devenue rare, si même elle n'a pas complètement disparu.

Les oiseaux du Pilat, comme ailleurs sans doute, sont doués d'un sens particulier qui leur fait reconnaître leurs ennemis. Ils ont un petit cri d'avertissement, quand ils aperçoivent le renard ou la fouine, et l'accompagnent quelquefois par bandes à grand bruit, comme vous l'avez vu au plateau de la Barbanche. Jamais ils ne s'émeuvent en voyant le lièvre, le lapin ou d'autres pacifiques rongeurs. Le corbeau forme une sorte de société aérienne qui a probablement ses chefs et, dans tous les cas, qui se protège par des sentinelles, ce qui rend fort malaisé de le tirer : ceux qui le tirent ont d'ailleurs grand tort, car si sa voix n'est pas plus harmonieuse que du temps de La Fontaine, c'est, au moins, un très estimable croque-mort, méritant la gratitude des vivants.

L'abbé nous dit que les entomologistes trouvaient au Pilat les plus beaux papillons de la contrée, l'Apollon, l'Eurydice, l'Aglaé, tout un Olympe de riches lépidoptères, sans parler des buprestes dorés, des taupins au corsage métallique, des lyques au manteau d'écarlate, des longicornes verts, des chrysomèles à la cuirasse jaune et d'une foule d'autres insectes aux joyeuses couleurs, dont Mulsant fait le portrait et conte si bien l'histoire. Il est à noter que les insectes des bois et des prairies sont plus richement parés sur les hauteurs que dans le bas pays, peut-être comme compensation à la brièveté de leur existence.

Quant aux poissons, ils ne diffèrent pas de ceux du Vivarais, c'est-à-dire que la truite règne sans rivale dans les eaux fraîches des hauteurs, dans le Dorley, dans le Furens au-dessus du barrage de Rochetaillée, et dans le Gier et ses affluents au-dessus de Saint-Chamond. Plus bas, on pêche des anguilles, des barbeaux et autres poissons blancs.

Il paraît que les paysans du Pilat ne valent pas mieux que ceux du Vivarais, au point de vue de la conservation du poisson des rivières. M. Seytre de la Charbouze proteste vivement contre l'empoisonnement des truites de Dorley et demande des peines sévères contre les coupables. Il y a une quinzaine d'années que je fais entendre, en Vivarais, les mêmes protestations dans chacun de mes *Voyages*, mais je ne m'aperçois pas que la police des eaux soit mieux faite, ni que les tribunaux soient devenus plus sévères.

Le spirituel écrivain du *Temps*, M. de Cherville, a plus d'une fois indiqué la source du mal : les empoisonneurs sont des électeurs, et il n'est pas sans inconvénient, par ce temps de politique à outrance, de mécontenter un électeur, au moins quand cet électeur est un bon républicain.

XV

SUR LES CÎMES

La Divinité sur les hauteurs. — L'ermitage de la Madeleine et le P. Jean Bruzeau. — La chapelle de Saint-Sabin.— L'alchémille des Alpes. — Les rebouteurs. — La médecine et les miracles. — Une nouvelle étymologie du Pilat. — L'homme primitif de la grange de Bote. — Les Trois-Dents. — L'Aillon. — Pélussin et Virieu. — Les origines de la filature et du moulinage de la soie en Forez et en Vivarais. — Les Sarrasins, premiers mineurs de nos contrées. — La vallée de Malleval. — Les routes du Pilat. — Condrieu.

Heureux ceux que leur destinée n'enchaîne pas dans ces repaires enfumés et malsains qu'on appelle des villes, ceux qui respirent l'air pur et vivifiant des hautes régions, fussent-ils ermites ou gardes-forestiers ! Pour moi, j'ai la nostalgie des altitudes qui dépassent mille mètres, du ciel bleu, des prairies embaumées, des eaux limpides et bruyantes, toutes choses dont nous n'avons, dans es plaines et les vallées, que le simulacre. Je passerais volontiers, même un hiver, à la Grange du Pilat, si les exigences de la vie ne s'y opposaient pas. Comme on pourrait y philosopher à l'aise, sans crainte des distractions de tous genres, inévitables dans le tourbillon qui a la prétention de s'appeler le monde civilisé ! Et quel enchantement au retour du printemps, quand la nature se réveille de son sommeil de six mois, plus belle, plus parfumée et plus vivante que jamais !

C'est bien ici la région des hauts lieux, *mirabilis in altis Dominus*, dont parle la Bible. Il semble qu'il ne manque qu'un Moïse pour s'y entretenir face à face avec Jéhovah et redescendre dans la plaine avec les Tables de la Loi, dont le besoin se fait terriblement sentir aujourd'hui.

Le gui manque, vu qu'il n'y a pas de chênes et qu'en fait de Velledas nous n'avons aperçu que des bergères rappelant fort peu celles de l'*Astrée*; mais nos ancêtres, dont l'esprit ne ressemblait pas à celui de nos commis-voyageurs, montaient] sans doute sur le Pilat pour s'y entretenir avec Teutatès dans les éclats du tonnerre et consulter les fées à la source du Gier, et non, comme les Gagas modernes, pour aller festiver à la Grange. Saint Augustin dit que la religion des Gaulois est celle qui s'est le plus rapprochée de la religion chrétienne. On peut voir au Pilat des traces du vieux culte dans les croix et chapelles établies à une époque postérieure, suivant le constant usage du christianisme de se substituer directement et sur les lieux mêmes aux anciennes divinités païennes.

Il y a une chapelle de Notre-Dame de Leutre au-dessus de la Valla, les ruines d'un ermitage à la Madeleine au nord, et enfin la chapelle de Saint-Sabin au sud.

Les ruines de la chapelle de la Madeleine sont à un kilomètre au-dessous de l'arête d'Airemont, à l'ouest de Pélussin ; on y va encore le lundi des Rogations invoquer la pluie ou le beau temps. L'ermitage de la Madeleine a été habité quelques années par le vénérable prêtre Jean Bruzeau, fondateur de la communauté des ermites de Saint-Montan (1).

La biographie de ce saint personnage, imprimée au Bourg-Saint-Andéol en 1788, nous apprend qu'après avoir étudié sous le fameux prévôt de l'île Barbe, le Laboureur, il reçut les ordres sacrés de la main de Mgr de Neufville, archevêque de Lyon. Quittant alors la communauté d'ermites du Mont-Cindre, il se retira à l'ermitage de la Madeleine, où le Père Paul de Givaudan restait seul. « Celui-ci, dit son biographe, le reçut comme un ange descendu du ciel et le pria d'exercer la

---

(1) Voir notre *Voyage au pays helvien* (Privas 1885).

charge de supérieur de la maison. La communauté s'accrut successivement de deux Frères, puis de trois, ce qui porta le total à sept. Cette petite congrégation, animée par les instructions et les exemples de son chef, marchait à grands pas dans la voie de la perfection religieuse : elle prenait pour modèle les anciens solitaires d'Egypte et les copiait parfaitement. On employait à la lecture, à l'oraison et aux conférences spirituelles la plus grande partie du temps ; l'autre partie était destinée aux ouvrages manuels. N'ayant point de biens-fonds et le travail des mains ne suffisant pas pour fournir à leur subsistance, les Frères étaient obligés de faire la quête et de vivre en partie d'aumônes. L'air de simplicité qu'ils portaient dans le monde leur en procurait d'abondantes et ils en assistaient les autres pauvres. Ils ne se bornaient pas à l'aumône corporelle, ils faisaient encore l'aumône spirituelle en visitant et consolant les affligés, en instruisant les ignorants des lieux circonvoisins et en faisant la correction aux pécheurs ; bientôt ils répandirent la bonne odeur de Jésus-Christ dans tout le pays, et on ne parlait partout que des austérités, des prières et des charités de la Madeleine de Pilat. »

Ailleurs il est dit que le P. Jean Bruzeau se contentait pour l'ordinaire, dans ses repas, d'un peu de pain, d'ail et de sel ; qu'il ne buvait presque pas de vin, mais qu'il fa... ... servir à ses Frères des racines et des herbes, quelquefois des choux et du fromage... « Les saints solitaires de la Trappe, qui venaient d'embrasser l'étroite observance, ne vivaient pas plus austèrement qu'eux. » La vertu du P. Bruzeau ne l'empêcha pas d'être en butte à des tracasseries de plus d'un genre ; il fut calomnié, insulté et eut à soutenir un procès que lui fit un gentilhomme du voisinage. La maladie couronna cette série d'épreuves. Il fut atteint d'une violente fluxion aux yeux à laquelle succéda la cataracte. C'est alors qu'il fit vœu d'aller à un pèlerinage de Saint-Joseph fort en vogue dans le Midi, et c'est dans ce voyage que lui vint, en passant à Viviers, l'idée de se fixer en Vivarais et d'y établir une autre communauté d'ermites. Les lettres patentes de l'évêque de Viviers, qui l'autorisèrent à s'établir dans ce diocèse et approuvèrent son institut, sont en date du 1er juin 1674. Le Père Bruzeau paraît avoir passé une dizaine d'années à la Madeleine de Pilat.

La chapelle de Saint-Sabin, qui dépend de la commune de Véranne, est restée un but de pèlerinage populaire. On y va surtout le lundi de la Pentecôte ; on prie le saint pour la réussite des vers à soie ; on y conduit les animaux pour les conserver en santé.

L'alchémille des Alpes, ou pied de lion, aux fleurs vertes et aux feuilles argentées, dite autrefois herbe des sorciers, est appelée ici l'herbe de Saint-Sabin, et chaque pèlerin en apporte un bouquet au logis, comme on rapporte de l'église, le dimanche des Rameaux, une touffe de buis bénit.

La chapelle de Saint-Sabin est fort ancienne puisqu'il en est question dans l'opuscule de du Choul et dans le manuscrit de Jean Pélisson. Le premier, qui était un homme de sens, se borne à dire... qu'il n'en dira rien : « *De oraculo D. Sabini, cum constans non sit fama, non est hominis ingenui aliquid incerti refferre.* »

Le second rapporte gravement que le saint ermite Sabin aurait converti Ponce-Pilate.

Ce qui est plus certain, c'est qu'en 1317 la chapelle en question fut un objet de discussion entre Gaudemard de la Barge et les comtes du Forez. Le bâtiment actuel date seulement de 1683.

La renommée médicale de l'endroit a été continuée par une famille de rebouteurs célèbres. Les paysans sont convaincus que tous les membres de cette famille ont le don de raccommoder ou de remettre en place les membres cassés ou luxés, et ils accourent chez les Odouard sans que ceux-ci aient besoin, comme nos spécialistes des grandes villes, de payer des réclames aux journaux. Dans toute la région d'Annonay, l'expression d'aller à

Saint-Sabin signifie qu'on va chez le rebouteur.

Laurent Odouard, mort récemment, avait d'ailleurs dérobé au saint, non seulement sa faculté de guérir, mais son propre nom, puisqu'il n'était connu que sous le nom de Saint-Sabin. Pendant plus de cinquante ans, ce brave homme, dont Seytre de la Charbouze fait un si drôle de portrait (1), a exercé ses fonctions de rebouteur, protégé par sa grande renommée et par l'affection des populations voisines contre les petites tracasseries de la Faculté. Les habitants de la contrée lui offrirent même un jour, par souscription publique, une médaille d'or. Quand il mourut, en janvier 1887, une autre souscription publique produisit quelques milliers de francs qui ont servi à lui élever un monument au cimetière de Colombier et un buste en bronze sur la place publique. Plus de cinq mille personnes assistaient à l'inauguration du monument, qui fut faite, le 8 mai suivant, par les maires de Colombier, de la Valla et de Saint-Julien-Molin-Molette. La fanfare de Saint-Julien se distingua par les morceaux de choix dont elle agrémenta la fête, et des discours superbes furent prononcés à la louange du défunt. Le monument se compose d'une colonne-piédestal en

---

(1) *Voyage au Mont Pilat*, p. 77.

pierre, exécutée par M. Bovet d'Annonay, surmontée du buste d'Odouard, œuvre de M. Girardet de Lyon, le tout entouré d'un grillage en fer.

Notre visite à Saint-Sabin amena naturellement la conversation sur les rebouteurs et les guérisseurs des campagnes.

Lord Socrate nous raconta l'histoire d'un célèbre rebouteur anglais nommé Hutton, qui n'avait jamais étudié, mais qui avait l'instinct de la charpente humaine et à qui la Providence avait donné un poignet exceptionnellement solide et des doigts énormes, longs, d'une sensibilité extrême, qui palpaient pour ainsi dire l'intérieur du corps et savaient dextrement en relever les défauts. Les Hutton, comme les Odouard, exerçaient de père en fils, ce qui est le cas de la plupart des rebouteurs.

A cette heure, le rebouteur le plus célèbre en Europe est un Hollandais nommé Metzer, ancien garçon boucher, qui, d'ailleurs, a eu le bon esprit d'ajouter à ses facultés naturelles les études régulières et est docteur en son pays. Celui-là s'est fait une spécialité du massage, et l'on a vu recourir à ses soins bien des princes, princesses et même des souverains et des souveraines qui, paraît-il, ne s'en sont pas mal trouvés.

Dans le Bas-Vivarais, nous avions un curé fort habile et dont la renommée n'était pas moindre que celle de Saint-Sabin. Pendant un demi-siècle, tous les estropiés de trente lieues à la ronde sont venus se faire raccommoder chez Anjolras, le curé de Barnas, et il est certain que ce digne prêtre, vu sa grande expérience des fractures et luxations, les traitait ordinairement fort bien. Il est probable qu'il en a été de même de Saint-Sabin. Mais pour quelques rebouteurs de race, combien qui estropient définitivement leurs clients !

— Remarquez, dit l'abbé, que pendant des siècles, la médecine a été un art purement empirique, comme celui des rebouteurs. Croyez-vous qu'on mourût davantage autrefois qu'aujourd'hui ?

— A dire vrai, répondis-je, je crois qu'on mourait tout aussi bien, mais pas davantage, sauf, bien entendu, les circonstances exceptionnelles de guerre, de famine et d'épidémie, parce qu'une plus grande simplicité de mœurs, des habitudes de vie en plein air, des ascendants moins ébranlés au physique et au moral, contrebalançaient l'absence ou les erreurs des médecins du temps; en quoi il faut reconnaître la sollicitude de la Providence, qui met partout quelque compensation. Mais il est permis de penser que si le monde, avec ses vices actuels, surtout le monde nerveux des villes et des hautes classes, était livré aux médicastres d'autrefois, il serait encore plus malade qu'il ne l'est.

L'abbé reconnut que la médecine avait progressé en général, en faisant observer toutefois qu'elle avait peut-être reculé à certain point de vue, puisque les médecins d'aujourd'hui paraissent moins comprendre que leurs prédécesseurs, les énormes ressources que peuvent fournir les forces morales, surtout la foi religieuse, qui est la plus grande de toutes, et qu'ils se privent ainsi, bien gratuitement, d'un des moyens les plus efficaces contre une foule de maladies. Et voilà pourquoi, dit-il, on voit si souvent d'ignorants guérisseurs, habiles seulement à manier cette force, réussir là où les plus habiles disciples d'Hippocrate ont échoué. Chabourdin intervint pour dire :

— C'est aussi de cette manière, je pense, M. l'abbé, qu'il faut expliquer les miracles qui se font à Lourdes, à la Louvesc et autres lieux de pèlerinage.

— Libre à vous, M. Chabourdin, répondit l'abbé, de les expliquer de cette façon. Je vous ferai observer seulement que si, comme il le semble jusqu'ici, la foi scientifique s'est montrée incapable d'enfanter les prodiges que produit la foi religieuse, cela n'est pas une raison de dénigrer celle-ci et surtout de prétendre obliger le monde à y renoncer.

— Je vous avoue, M. l'abbé, dis-je alors, que j'ai été longtemps sans pouvoir admettre les miracles. Un mot du philosophe allemand Feuerbach m'avait séduit : Un miracle, dit-il, est une déviation essentielle des lois de la nature ; vous ne connaissez pas les lois de la nature : ne parlez pas de miracles! Depuis, j'ai réfléchi que le point de départ de ce raisonnement manquait de solidité. Quand les miracles, ou du moins les faits extraordinaires que nous appelons ainsi, sont bien constatés, pourquoi, en effet, supposer que Dieu les a permis comme une déviation des lois de la nature, plutôt que comme l'accomplissement d'une loi encore ignorée par nous ?

— Pour moi, dit Chabourdin, en m'interpellant directement, je me demande comment la médecine s'arrange avec le principe de sélection qui préside à la vie des espèces ; car si elle guérit, comme on le soutient, plus de malades qu'autrefois, qui sauve-t-elle en définitive ? — Des rachitiques, des scrofuleux, ce qu'on appellerait dans le monde hippique de mauvais reproducteurs. Est-ce qu'elle ne contribue pas ainsi à l'abâtardissement, à la dégénérescence de la race, au profit de quelques individus ? Perpétuer les sources des misères humaines en prolongeant les phthisiques, les rhumatisants et consorts, n'est-ce pas entraver l'œuvre de la Nature, qui tend à éliminer ce qui ne vaut rien pour ne laisser subsister que les germes vigoureux ? N'est-ce pas enfin un résultat dont il n'y a guère lieu de s'applaudir ?

L'Anglais protesta contre cette nouvelle interprétation abusive de la pensée de Darwin et fit observer qu'il n'était pas d'une saine logique de prendre des observations de faits recueillies dans le monde des végétaux et des animaux, pour les transformer en principes de morale à l'usage des hommes.

— Dans tous les cas, répondis-je à Chabourdin, vous conviendrez vous-même que ce n'est pas à ce point de vue que la médecine peut se placer. Ce qui est permis à la Nature ne l'est pas à de pauvres ignorants comme nous, et nous serions par trop présomptueux de faire de la sélection comme elle. Notre mission consiste à guérir ou soulager les hommes, et, si nous contrarions ainsi une loi brutale du monde inintelligent, il est permis de penser que la loi morale à laquelle nous obéissons en est le contrepoids providentiel.

— C'est bien pensé, dit l'abbé.

— Et, ajouta miss Diana, c'est le vrai point de vue, car c'est le plus chrétien.

La légende de saint Sabin a fourni à l'imagination populaire une nouvelle étymologie du Pilat.

Saint Sabin, suivant les paysans de la contrée, avait un frère retiré dans une gorge profonde, près de Malleval. Les deux frères, malgré la distance qui les séparait, avaient le secret de se faire entendre. Saint Sabin cria un jour à son frère :

— *Tzesse biou ma la vais* (Malleval. — Tu es bien mal, là-bas.)

L'autre lui répondit :

— *Tzesse biou pi la mou* (Pilat). (Tu es bien pis, là-haut.)

De là l'origine de Pilat (1).

Cette explication est sans doute moins savante que celle qui recourt au celte *pi* et *lat*, mais elle l'emporte certainement en couleur locale et j'ajouterai bien bas, pour que les celtisants ne s'en formalisent pas : Je crois qu'au fond l'une ne vaut pas mieux que l'autre.

Des hauteurs de Saint-Sabin, l'abbé indiqua à lord Socrate le cours de la Deûme et la vallée profonde où est Annonay.

L'Anglais ôta son chapeau pour saluer la patrie des Montgolfier et de Marc Seguin.

Quand on va de la Jasserie au sommet des Trois-Dents, on rencontre la Grange de Bote. Il y avait là, autrefois, une chaumière où les ouvriers de la scierie voisine allaient prendre leur repas. Elle a été habitée par une sorte de sauvage dont Jean du Choul nous a laissé la description suivante :

---

(1) *Mulsant.* — *S. du Pilat*, t. 1, p. 16.

« Celui qui vit là semble n'avoir rien de l'homme. D'une corpulence excessive, l'œil ardent, la chevelure en désordre, la barbe longue, l'extérieur malpropre, il est couvert de haillons, et sa poitrine toujours nue est si velue qu'on la prendrait pour le tronc mousseux d'un sapin. Ce colosse est très bavard, d'une physionomie plus étrange que douce et bienveillante. Ce vigoureux athlète au front renfrogné défie à la lutte les allants et les venants, en leur proposant un enjeu. Il lance, dit-on, des pierres avec une telle force qu'elles restent incrustées dans les arbres les plus durs. Atlas connaît seul le poids dont ses épaules peuvent se charger et Bacchus le vin qu'il peut engloutir en un repas. »

La roche des Trois-Dents est la saillie la plus méridionale du Pilat. C'est le bout d'une sorte de chapelet de cols et de crets qui s'élève à l'Aillon, puis redescend par la Trève-du-Loup, Airemont, Montvieux, Bourchani et Mouet, jusqu'à Condrieu. C'est la route des aigles et, du sommet de l'Aillon, on peut voir parfois ces oiseaux passer directement du département du Rhône dans celui de l'Ardèche sans toucher à la Loire, c'est-à-dire au massif montagneux du Pilat qui les sépare.

En contemplant, du sommet de l'Aillon, le cours du Rhône et la plaine du Dauphiné, nous nous demandions : Pourquoi le fleuve suit-il de si près le pied de Pilat et des montagnes du Vivarais ? — La raison en est, à notre avis, dans le fait que les Alpes sont plus récemment et plus hautement soulevées que les Cévennes, d'où est résultée l'inclinaison de la plaine de l'est à l'ouest et, par suite, la plus forte dépression du côté des Cévennes. Que si celles-ci, ce qu'à Dieu ne plaise, venaient demain à se trémousser à leur tour pour imiter les Alpes, comme elles soulèveraient certainement avec elles la plus grande partie de la plaine du Rhône, il est probable qu'elles rejetteraient bien loin vers le pied des Alpes le lit du fleuve.

Une réflexion d'un autre genre nous vint en jetant les yeux à l'ouest et en songeant au grand nombre d'éminences ou de vallées que nous apercevions ou que nous avions parcourues, comprises dans ce mot de Pilat, lequel, pour le voyageur qui ne l'a vu que des bords du Rhône, représente une simple et unique hauteur, quelque chose comme le Mont-Valérien ou la butte Montmartre. Le Pilat est tout un petit monde, mais il faut, pour s'en convaincre, l'avoir parcouru. N'est-ce pas un peu ce qui arrive sur bien d'autres terrains ? Nos sens et notre intelligence, quands ils ne peuvent embrasser les objets, les raccourcissent à leur mesure. Nous ne voyons de prime abord dans beaucoup de questions qu'un seul problème, qu'un seul point de vue, et nous sommes tout étonnés quand l'expérience nous y fait ensuite découvrir une foule de complications et de détails, que nous ne soupçonnions même pas. Nous dédions cette réflexion aux Chabourdin de tous les pays, qui sont toujours prêts à réformer le monde d'un trait de plume ou à résoudre la question sociale d'un coup de langue.

L'Aillon, qui domine la chapelle de Saint-Sabin, doit à son rôle de grand baromètre de la contrée le nom d'Aiguille des laboureurs. C'est lui qui, pour la plupart des riverains du Rhône, représente le plus haut sommet du Pilat.

De Lyon, avec une lunette d'approche, on aperçoit la croix érigée sur ce sommet en 1867 par les quatre communes de Pélussin, Doizieu, Roizey et Véranne, dont les limites y aboutissent, et qui y ont inscrit leurs noms à côté de la pieuse inscription :

O Crux, ave, spes unica

De l'Aillon, on aperçoit très bien le barrage du Ternay, qui alimente l'industrie d'Annonay.

Près du pic des Trois-Dents, non loin de Saint-Sabin, on voit un gros mur circulaire de pierre sèche qui paraît fort ancien, mais dont il semble difficile de déterminer la date, même approximativement. Les celtisants y verront sans doute un oppidum gaulois, tandis que d'autres pourront n'y voir que les restes d'un camp de refuge et de défense, remontant simplement au XIVe siècle, ou même aux guerres religieuses du XVIe. Il existe un autre mur du même genre sur le point culminant du mont Bourchani, entre le col de Montvieux et celui de Pavezin. Des fouilles exécutées sur ces deux points pourraient seules, par les objets qu'on y découvrirait, nous apprendre l'origine de ces vénérables cailloux et leurs péripéties historiques.

Le canton de Pélussin, abrité au nord-ouest par le Pilat, peut être considéré comme le jardin du département de la Loire. Au bas sont les vignes et les fruits du Rivage, qui s'étendent de Limony à Condrieu, formant une partie du magnifique espalier qui fait de la rive droite du Rhône, d'Arles à Lyon, un verger incomparable. Au-dessus sont les châtaigniers, puis les sapins et les hêtres, et enfin les prairies.

Pélussin possédait une vieille église qui a été reconstruite, mais dont on a conservé la crypte, où l'on lisait, dit-on, la date de 881.

La seigneurie de la Valette, à Pélussin, fut achetée en 1778 par le marquis d'Agrain, premier président de la chambre des comptes de Dijon, qui l'a gardée jusqu'à la Révolution.

Il y a à Virieu les restes d'un château fort et une source ferrugineuse, dont l'eau est exploitée pour l'exportation.

L'industrie de la soie est fort ancienne à Pélussin et à Virieu, qui dépendait autrefois de Pélussin. On sait que Virieu et la Vallase disputent l'honneur des premiers moulinages de soie. Peut-être ont-elles raison toutes deux. Les registres de Virieu constatent l'existence de trois frères Benay (deux à Virieu et l'autre à la Valla) pendant la seconde moitié du XVIe siècle. C'est leur père, Pierre Benay, un émigré bolonais, qui aurait introduit à Virieu l'industrie de la soie. On trouve dans ces registres, à la date de 1590, le baptême de Jean, fils d'Antoine Benay, fileur en soie.

La présence d'autres fileurs en soie est constatée à Virieu en 1610 et 1612.

Ces dates, sans parler de la tradition reçue à Saint-Chamond, d'après laquelle l'industrie de la soie aurait été apportée dans la contrée au XIVe siècle par un Gaiotti, de Bologne, établi d'abord à la Valla (1), sont un démenti à la tradition qui veut que l'industrie de la soie ait été introduite en France par des Italiens attirés par Colbert. Mais la tradition s'explique par le fait que Colbert en favorisa le développement d'une manière décisive. Il est certain que ce ministre contresigna, en septembre 1670, une ordonnance royale exemptant

---

(1) MULSANT. — *Souvenirs du Pilat*, t. I, p. 144.

les ouvriers français et étrangers de toutes tailles, à la condition de travailler aux usines à soie des environs de Lyon et autres lieux, naturalisant les étrangers au bout de six ans de travail dans ces ateliers, les dispensant de l'impôt du logement des gens de guerre, accordant aux mouliniers le droit de prendre l'eau des rivières, sous réserve des droits acquis, etc.

Les premières fabriques de soie en Vivarais datent de cette époque. Jean Deydier, qui avait été un des élèves de Pierre Benay, lequel, dit-on, avait fondé ses premiers établissements près de Condrieu et à Fons près d'Aubenas (1), alla à Condrieu en 1671 étudier le mécanisme des moulins de Benay. Il alla ensuite à Neuville-sur-Saône étudier la filature établie par Lauro, un autre Italien. Jacques Deydier fonda une filature à Chomérac en 1675, puis une autre au Pont-d'Aubenas en 1676. Pierre Benay vint l'aider de ses conseils et de son expérience. Pierre Benay mourut en Vivarais et Jacques Deydier, dans une lettre écrite à son père en 1690, déplore la perte récente du compagnon de ses travaux. La filature du

---

(1) TURGAN, dans *Les grandes Usines de France*, dit que le sieur Benay, gratifié, pensionné et anobli par la France, fut pendu en effigie à Bologne comme traître à son pays.

Pont-d'Aubenas fonctionna dès 1676 et fut remplacée au siècle suivant par des établissements plus importants (1).

Tout ceci s'applique à l'industrie du moulinage et de la filature de la soie. Quant à l'éducation des vers à soie, Olivier de Serres, dans son *Théâtre d'Agriculture*, en rattache l'introduction en France à l'expédition italienne de Charles VIII (1494). Quelques-uns des gentilshommes de la suite royale, ayant remarqué les avantages de l'éducation du ver à soie à Naples, en firent venir, après la guerre, des plants de mûriers. On désigne même la terre d'Allan, près de Montélimar, comme ayant eu les premiers mûriers plantés en France. Il est certain que du temps d'Olivier de Serres (son ouvrage a paru en 1599), le mûrier était cultivé dans divers endroits de la Provence, du Languedoc, du Dauphiné, de la principauté d'Orange et surtout du Comtat-Venaissin. « C'est là aussi, ajoute le grand agronome, qu'avec beaucoup de lustre, on voit la manufacture de la soie, et de jour à autre croît l'affection de planter des mûriers pour le profit assuré qui en revient. »

Saint-Julien-Molin-Molette est aussi une localité très ancienne. Elle possède une mine de plomb dont

---

(1) Manuscrits de Paul Deydier, du Pont-d'Aubenas.

la concession fut donnée en 1707 à un Allemand appelé Blumenstein, dont les descendants l'ont exploitée pendant près d'un siècle. Cette mine n'est abandonnée que depuis 1831, comme toutes les autres mines de ce genre en Vivarais, le rendement du métal étant insuffisant à couvrir les frais d'exploitation.

Il y a à Saint-Julien une *Roche sarrazine*, ce qui, rapproché des appellations analogues que l'on retrouve dans la plupart des localités minières de nos contrées, est l'indice presque certain que toutes ces mines ont été primitivement exploitées par les Sarrazins, beaucoup plus forts sur cette industrie que nous ne l'étions nous-mêmes pendant la période du Moyen-Age.

A Largentière, le chef-lieu d'arrondissement de l'Ardèche dont les mines de plomb argentifère occasionnèrent de si longs démêlés entre les évêques de Viviers et les comtes de Toulouse, la tradition sarrazine se retrouv presque à chaque pas, et son empreinte a été si forte dans l'esprit de la population, que la partie basse de la ville, où s'ouvraient les puits des mines, porte encore de nos jours le nom de la *Sarrazine*, tandis que la partie haute, contiguë au vieux château, s'appelle la *France*.

La concession Blumenstein était formée par un triangle dont les trois pointes étaient Andance,

Condrieu et le Bourg-Argental. Elle comprenait donc les filons de Brossainc dans l'Ardèche.

Il n'y a pas grand'chose à dire de Saint-Pierre-de-Bœuf et Chavanay, les deux communes, j'allais dire les deux pieds, par lesquelles le département de la Loire se baigne dans le Rhône, si ce n'est que de chacun de ces deux points partent des routes qui traversent le Pilat, la première reliant Chavanay à Saint-Chamond, la seconde reliant Saint-Pierre-de-Bœuf à Saint-Etienne, communiquant ensemble, du reste, entre Maclas et Pélussin et formant, avec la route de Saint-Etienne à Saint-Chamond, un large quadrilatère. Si l'on y ajoute la route de Saint-Etienne à Serrières par le Bourg-Argental et Annonay, et celle de Saint-Etienne à Givors par Saint-Chamond, formant avec la route du Rivage un immense triangle où se trouve compris le quadrilatère précédent, on reconnaîtra que le Pilat est une contrée exceptionnellement favorisée en raison de son caractère montagneux ; ce qui compense un peu l'anomalie de sa situation administrative. Il est évident qu'il eût été moins favorisé par les ingénieurs, s'il n'eût formé qu'une des extrémités du Rhône ou de l'Ardèche.

La vallée de Malleval, où s'engage la route de Saint-Chamond au sortir de Saint-Pierre-de-Bœuf, est très pittoresque. Les terrasses superposées sur les pentes rapides de la montagne montrent l'infatigable labeur des habitants. Le château a été détruit pendant les guerres religieuses. On montre à Malleval le *rocher des pendus* et le trou pratiqué dans le rocher où l'on plantait la potence.

Au-delà de Chavanay, en remontant le Rhône, on aperçoit Condrieu et Ampuis. Ce dernier, qui est un marché aux fruits et aux légumes de la ville de Lyon, était autrefois un fort avancé de Vienne. On y voit les ruines du château de la Garde. Son histoire du Moyen-Age rapporte que saint Eloi y guérit un démoniaque.

Condrieu était, avec Serrières, Andance et le Bourg-Saint-Andéol, une des grandes pépinières des mariniers du Rhône, alors que le Rhône avait des équipages pour remonter les grains apportés à Marseille et que les cris et les coups de fouet du halage retentissaient sur les deux rives du fleuve (1). En 1288, il n'y avait à Condrieu qu'une simple chapelle, puisque le curé portait le titre de chapelain. En 1344, on y établit un marché hebdomadaire le mardi. Notons que l'établissement d'un marché hebdomadaire à Serrières

---

(1) Voir le chapitre que nous avons consacré à cette industrie disparue, dans le *Voyage au Bourg-Saint-Andéol*.

suivit peu après. Le roi Jean accorda cette faveur au Roussillon, seigneur de l'endroit, en 1363. Le bac à traille, pour passer le Rhône, doit être de la même époque, car l'origine du péage est indiquée en 1350.

M. Mulsant contient une page intéressante sur Condrieu et ses vieux usages avant la Révolution.

« Le travail, dit-il, y avait amené l'aisance, et ce lieu était devenu le point des bords du fleuve où les fêtes étaient les plus nombreuses et avaient le plus d'éclat. Celle du patron de la paroisse s'y faisait avec des pompes inusitées. Au 1er mai, on se serait cru encore à l'époque des florales romaines. Mais la plus curieuse, et celle dont la durée se prolongeait davantage, était celle que les *bachelards* ou jeunes gens de la ville célébraient à la fête de Saint-Clair, le 1er janvier et les jours suivants. Le chef de la bande prenait le titre de roi. Après la messe et le dîner qui la suivait, on faisait une ronde chez les jeunes mariés de l'endroit, y compris le village des Roches, qui dépendait alors de Condrieu ; on recueillait, dans la boite de Saint-Nicolas, les dons de leur générosité, ou le tribut de quinze sols qu'on avait le droit d'exiger d'eux. On se rendait ensuite au port, et le roi, monté sur une pierre qui lui servait de trône, mettait à l'enchère la ferme du bac pour le lendemain et le trésor contenu dans la boîte de Saint-Nicolas. Le produit de l'enchère couvrait habituellement les dépenses de la fête. Les jours suivants voyaient naître d'autres divertissements ; ils se terminaient le soir par des danses prolongées plus ou moins longtemps durant la nuit. » (1)

---

(1) E. MULSANT. *Souvenirs du Mont Pilat*, t. 2, p. 145.

XVI

DIGRESSION POLITIQUE ET ÉCONOMIQUE

Les crises industrielles et commerciales. — Une conversation avec M. Ducarre. — Les rapports de l'ouvrier et du patron. — La destinée humaine. — La France et l'Angleterre. — Comment il faut être républicain. — Le clergé et le régime actuel. — Le meuble le plus nécessaire dans les Assemblées françaises.—Les constitutions politiques et les mœurs. — *God save the Queen !*

Du sommet de l'Aillon, la vue est splendide au sud et à l'est. On a sous ses pieds une vaste partie des plaines du Dauphiné, barrées par la chaîne des Alpes, à laquelle sont adossés plusieurs étages de collines vertes comme autant d'immenses gradins surmontés d'une couronne aux créneaux d'argent. On devine plutôt qu'on ne voit toutes les taupinières, grandes et petites, de ce vaste amphithéâtre depuis Lyon jusqu'à Avignon.

Chabourdin ayant parlé de la crise industrielle et commerciale qui sévit si cruellement sur les populations ouvrières, surtout dans les grandes cités comme Lyon et St-Etienne, en s'apitoyant à l'excès sur la classe laborieuse et en imputant ses souffrances un peu à tout le monde, excepté bien entendu aux ouvriers eux-mêmes, je priai notre compagnon de vouloir bien écouter attentivement un bref exposé des opinions que j'avais souvent entendu exprimer à ce sujet par deux personnages fort compétents, deux anciens députés, l'un de Lyon et l'autre de l'Ardèche, les deux seuls membres de l'Assemblée de Versailles qui eussent été ouvriers, de vrais ouvriers, au début de leur carrière.

— Comment les appelez-vous? demanda Chabourdin.

— M. Ducarre et M. Rouveure.

— Connais pas ! dit le commis-voyageur. Jamais je n'ai vu figurer ces noms dans les séances mouvementées.

— C'est un éloge. M. Ducarre s'était élevé par son travail et son intelligence à une haute position industrielle, et il occupait des centaines d'ouvriers dans son usine de toiles goudronnées à Beaunand, — banlieue de Lyon, — lorsque le suffrage de ses concitoyens l'envoya dans nos Assemblées politiques. J'avais souvent l'occasion de faire avec lui et M. Rouveure le voyage de Versailles à Paris, et nos conversations tombaient presque toujours, non sur la politique pure, que nous étions unanimes à regarder comme un trompe-l'œil et un amuse-badaud, mais sur les questions d'économie politique et sociale. M. Ducarre avait été chargé du rapport d'une commission parlementaire nommée pour étudier les questions relatives à la situation des ouvriers. L'honorable député avait pris sa tâche très au sérieux ; il étudiait la question sous toutes ses faces, faisait appel à tous les travaux, à tous les témoignages de nature à l'éclairer, et on le rencontrait ordinairement avec un énorme dossier sous le bras qu'il appelait le *roman du travail*.

Quand on réfléchit sur la question ouvrière, en dehors de tout esprit de parti, il semble qu'elle existe beaucoup plus pour les besoins des argumentations politiques et sociales que dans la réalité des faits.

N'est-il pas vrai, en effet, que les mêmes causes qui font le bonheur ou le malheur, la richesse ou la pauvreté, dans la classe ouvrière, c'est-à-dire parmi les artisans des villes, agissent également et dans le même sens sur toutes les autres classes de citoyens ?

Qu'on soit noble, bourgeois, ouvrier ou paysan, on se ruine toujours à coup sûr par l'inconduite, l'oisiveté et le gaspillage, de même qu'on réussit par la bonne conduite, le travail et l'économie.

Je sais bien que les ouvriers fainéants, ivrognes et libertins ne disent pas cela, aimant mieux accuser la société, qui a bon dos, que de s'accuser eux-mêmes ; mais chacun sait à quoi s'en tenir là-dessus.

A ce point de vue, la question ouvrière se confond donc avec une question beaucoup plus générale, qu'on appellera comme on voudra, et qui se résume simplement en ceci :

Riche ou pauvre, grand ou petit, chacun finit par trouver dans ce monde ce qu'il a mérité, et les exceptions à cette règle ne sont qu'apparentes et passagères.

J'en appelle à tous les hommes qui ont l'expérience de la vie.

— *Very well !* répondit l'Anglais.

Voici, continuai-je, une de mes conversations avec M. Ducarre, qui, par le temps de trouble intellectuel où nous vivons, me semble utile à rapporter.

Je demandais un jour à l'honorable député du Rhône si, quand un ouvrier réunissait les qualités essentielles, c'est-à-dire était honnête, suffisamment intelligent, travailleur et rangé, cet ouvrier n'était pas aussi sûr de gagner convenablement sa vie qu'on peut l'être dans toutes les autres conditions sociales.

— Certainement, me répondit-il, car autant on tient peu aux mauvais ouvriers, autant on tient aux bons. Les ouvriers dont vous parlez réussissent toujours, et pour peu qu'avec cela ils aient une intelligence au-dessus de la moyenne, ils deviennent bientôt patrons. La plupart des patrons d'aujourd'hui ne sont pas autre chose que de bons ouvriers d'hier.

— Un ouvrier dans les conditions dont je parle vient donc aisément à bout des contre-temps tels que maladies et chômages, qui peuvent survenir dans sa carrière ?

— Oui, sauf des cas fort rares, l'ouvrier peut, avec un peu de prévoyance, faire face lui-même à tous les contre-temps, et, dans les cas exceptionnels, soyez convaincu que le travailleur véritablement digne d'intérêt ne sera jamais abandonné. En ce qui concerne les chômages, il n'en est pour ainsi dire pas pour les bons ouvriers, parce qu'il y en a malheureusement toujours trop de mauvais à renvoyer avant eux.

Ici notre honorable interlocuteur aborda une question qui peut faire l'objet d'utiles réflexions pour tous les industriels de la contrée.

En dehors des causes d'embarras et de chômage pour les ouvriers dont ceux-ci peuvent être responsables, il en est d'autres où les patrons ont leur part de responsabilité. M. Ducarre pensait que les patrons devaient se faire une question de conscience, un véritable point d'honneur, de *ne jamais employer que le nombre d'ouvriers qu'ils peuvent garder.*

Je sais bien que, dans les contrées rurales, l'imprévoyance des patrons à cet égard a des effets moins désastreux que dans les villes, attendu que les personnes employées aux fabriques de soie ou aux moulinages retournent généralement aux travaux des champs quand la fabrique ne va plus. Mais dans les grands centres de population, par quoi se résout cette pléthore de travailleurs inoccupés ? Par des abcès politiques. Il y a donc là une question d'humanité et de haute prudence, dont les industriels consciencieux doivent se préoccuper. Ce n'est pas tout de gagner de l'argent dans ce monde, il faut qu'à cet argent ne s'attache aucun remords, aucun souvenir pénible. Ce n'est pas tout que de payer ses ouvriers, il faut, justement parce qu'on leur est supérieur par l'intelligence et la position, faire pour eux les réflexions qu'ils ne peuvent pas faire eux-mêmes. Il faut se préoccuper, dans une certaine mesure, de leur avenir. Mieux vaudrait les laisser à leur dénûment primitif, dont l'habitude émousse bien des pointes, que de les attirer dans une situation provisoirement meilleure, pour les laisser retomber ensuite dans leur premier état de misère, qui alors leur paraît doublement dur.

En s'inspirant de ces vues, les industriels perdraient peut-être quelques occasions de bénéfice, mais ils auraient rempli un devoir. On peut ajouter que leur intérêt bien entendu leur commande d'agir ainsi, et qu'il serait aisé aux plus clairvoyants de découvrir les compensations que leur réserve une conduite plus en rapport avec l'humanité, sans compter le service qu'ils rendraient à l'Etat, car rien n'est plus dangereux pour celui-ci que le courant qui tend à créer de monstrueuses agglomérations aux dépens des campagnes dépeuplées.

Parmi les personnes qui s'occupent de l'amélioration de la classe ouvrière, il y a deux partis bien prononcés.

Les uns, ceux qui sont habitués à tout faire dériver de l'Etat, veulent résoudre la question par des lois, des règlements et des subsides de l'Etat. La plupart des démocrates sont dans cette voie.

Les autres pensent que cette amélioration doit venir avant tout de l'individu lui-même. C'est l'avis de tous les hommes réfléchis. L'intervention de l'Etat en ces matières ne peut avoir que de fâcheux résultats. Il faut que l'homme compte d'abord sur lui-même et qu'il se pénètre fortement de la responsabilité de ses actes.

Quelques théoriciens démocrates ont mis en avant l'idée d'une retenue obligatoire sur les salaires de l'ouvrier pour lui assurer une ressource dans sa vieillesse. Mais, outre que ce serait irréalisable en pratique, ce serait tuer la responsabilité personnelle. Voyez les fils de fonctionnaires qui ont été sous l'influence du mirage de la retraite paternelle, c'est chez eux que l'esprit de prévoyance est généralement le moins développé.

A ce propos, M. Ducarre nous parla des troubles graves que les bureaux de bienfaisance apportent dans le fonctionnement du travail. Les ressources de ces bureaux, qui devraient être uniquement et soigneusement réservées aux infortunes accidentelles et exceptionnelles, constituent trop souvent une sorte de prime à la paresse et à l'imprévoyance, et pèsent aussi sur les salaires eux-mêmes, dont elles constituent pour quelques ouvriers une sorte de supplément anormal plus ou moins durable.

Au sujet des salaires, le patron ne doit pas se considérer comme entièrement quitte, en ayant pour lui la loi et même l'économie politique. Sans doute, il est parfaitement en droit de donner des salaires aussi bas que l'ouvrier veut les accepter ; mais, au point de vue moral, c'est autre chose, et sur ce terrain il ne lui est pas permis de fixer des salaires notoirement disproportionnés, soit avec ses propres bénéfices, soit avec les besoins essentiels de l'ouvrier.

Je sais fort bien tout ce que ces questions ont de délicat et combien, dans un débat contradictoire, vu les risques des patrons, il serait difficile de préciser le chiffre des salaires. Aussi ne faut-il pas faire appel au droit, puisqu'il est ici aussi insaisissable qu'en politique, mais à la conscience des patrons.

Et, pour résumer le sens de mes conversations avec MM. Ducarre et Rouveure, de même que je dirais aux travailleurs des villes et des campagnes :

Vos malheurs sont presque constamment de votre faute, car, avec la conduite, l'économie, la patience, on est toujours certain de réussir ;

De même on pourrait dire aux patrons :

Votre responsabilité vis-à-vis de ceux que vous employez, est en raison même de votre supériorité intellectuelle et sociale sur eux. L'atelier est une famille où le chef doit jouer un rôle paternel, et il n'y a de véritable patron que celui qui regarde ses ouvriers, non pas comme de simples instruments de travail, mais comme une seconde famille dont le sort, la moralité et l'avenir doivent tenir une large place dans ses préoccupations.

— Hip! hip! hourrah! s'écria l'Anglais. Salut au patron chrétien dont vous venez d'évoquer l'image!

— Il est évident, dit le chasseur, que si patrons et ouvriers comprenaient bien leurs devoirs réciproques, la question sociale se trouverait par cela même résolue ; mais, comme dirait lord Socrate : *That is the question.*

L'abbé, prenant alors la question à un point de vue plus élevé que notre commis-voyageur, fit observer qu'on éviterait beaucoup de cruelles désillusions, si l'on se rendait mieux compte des véritables termes de la destinée humaine. Jusqu'ici l'expérience des siècles (en faisant même abstraction des vérités divinement révélées) avait conçu le monde comme un lieu d'expiation, ou tout au moins d'épreuves, formant la transition d'un inconnu à un autre inconnu, mais en plaçant au-dessus de toute discussion les peines et les récompenses d'une autre vie. Par suite, personne ne s'attendait à trouver ici-bas la quiétude, le repos, encore moins le bonheur parfait. On remplissait patiemment sa destinée sans aspirations impossibles à satisfaire. Celui qui comprend bien que nous sommes sur la terre pour y souffrir sera toujours moins déçu que les autres ; mais combien de gens, tout en ayant l'air de reconnaître cette vérité, ne l'admettent qu'en paroles et croient au fond la loi faite pour le voisin et non pour eux-mêmes ! Tous nous espérons plus ou moins échapper à son application : il faut que le malheur vienne nous la rappeler brutalement.

L'ignorance ou l'oubli de cette vérité est cause d'une foule de plaintes déraisonnables. Beaucoup trop de gens s'étonnent sans cesse de ce qui est la marche normale des choses, et, ce qui est pis, ne savent pas diriger en conséquence leur conduite. Les gouvernants souffrent de cette ignorance, car on les accuse de bien des mécomptes dont ils ne sont pas responsables, mais les gouvernés n'en souffrent pas moins. On fait des lois pour les hommes en les supposant meilleurs qu'ils ne sont, en oubliant trop que nous sommes pétris de défauts.

— Voulez-vous me permettre, dit le chasseur, d'intervenir dans cette grave question, en vous signalant la politique des écureuils du Pilat? Voyez ces gentils animaux se mouvoir, grimper aux arbres, croquer les graines, dormir et mourir. Ils suivent la loi de leur organisation et ne cherchent pas à sortir du domaine dans lequel le sort les a placés. Ils n'essaient pas, par exemple, de chanter ou de voler comme les oiseaux, de lutter de vitesse avec les chevaux ou les lièvres, de raisonner et déraisonner comme les hommes. Nés écureuils, ils vivent et meurent écureuils. Tous les êtres de la création, du reste, végétaux et animaux, se renferment dans l'obéissance des lois divines.

Il n'y a que l'homme qui prétend s'en affranchir et qui, dans toutes les tentatives de ce genre, ne fait que se meurtrir la tête ou les membres aux barreaux de sa cage.

— Il me semble, en effet, dit lord Socrate, qu'en Angleterre, grâce sans doute à l'esprit religieux dont le caractère national est si profondément empreint, nous nous guidons, dans la vie économique et sociale, d'après des points de vue moins absolus et plus pratiques que ceux des Français. Nous voyons les choses comme elles sont, tandis que trop souvent vous les voyez comme elles devraient être, ... à votre avis. Nous savons que l'industrie est une bataille sans fin, comme la vie de l'homme, et nous ne nous endormons jamais dans le succès. L'apologue des vaches maigres après les vaches grasses est toujours présent à notre esprit. Nous savons que le succès et le bien-être sont de grands corrupteurs. L'industriel ou le commerçant heureux est naturellement porté à surveiller moins bien ses affaires, en même temps qu'il accroît ses dépenses. Sa maison peut aller quelque temps en vertu de l'impulsion acquise ; mais quand les vaches maigres arrivent, tout croule. Et les vaches maigres arrivent toujours. Nous ne cherchons pas à faire fortune pour nous reposer comme les Français, mais nous allons toujours de l'avant, persuadés que qui n'avance pas recule et que qui ne travaille plus se ruine, quelle que soit la fortune déjà acquise. Quand l'industrie française sera animée dans son ensemble de cet esprit d'éternelle activité, elle n'aura plus à redouter aucune concurrence étrangère.

— Tout cela, fit observer Chabourdin, n'empêche pas, mais au contraire ne pourrait qu'accroître les crises d'excès de production, comme celle que nous traversons, sans compter le phylloxera pour les pays vinicoles, la maladie des vers à soie et la concurrence de l'extrême Orient pour les contrées séricicoles.

— A mon avis, dit l'abbé, la question est bien moins d'empêcher les crises économiques, souvent inévitables, que de savoir en atténuer l'effet par des mesures sages et surtout par la patience et la résignation, qui sont les vertus les plus indispensables en ce monde.

— Ici encore, dit lord Socrate, vous me permettrez de vous proposer l'exemple de mon pays. Vous vivez trop, en France, comme s'il n'y avait que vous dans le monde. L'Angleterre a subi plus de crises que vous, parce que son territoire est bien plus restreint relativement à sa population ; mais chaque fois elle se souvient que le monde est grand, que ses navires marchent vite, et ses enfants vont dans toutes les parties du monde chercher de l'espace et un emploi plus avantageux de leurs facultés. Vous parliez, monsieur l'abbé, de mesures sages. Voilà, ce me semble, la plus sage de toutes dans l'espèce.

— Il y en a d'autres, dit Chabourdin, et je mets au premier rang la république, c'est-à-dire le gouvernement de tous par tous, le seul juste, le seul libéral, le seul à qui le développoment des mœurs et des idées garantisse l'avenir...

Ces paroles ayant rencontré un silence significatif, le commis-voyageur s'en prit à moi cette fois, comprenant qu'il n'y avait pas lieu de demander à l'abbé et d'imposer à l'Anglais sa foi républicaine.

— Voyons, docteur, dit-il, êtes-vous républicain ?

— Si l'on veut, répondis-je en souriant.

— Cela veut dire que vous ne l'êtes guère.

— Vos paroles prouvent que vous l'êtes sans trop savoir pourquoi.

— Je suis républicain parce que je suis rationaliste, attendu qu'il n'y a que la république de raisonnable et de fondée en droit.

— Et moi, parce que je suis rationaliste, je demande à raisonner un peu. Voyons, M. Chabourdin, qu'entendez-vous par république ?

— C'est le gouvernement de tous, basé sur l'opinion publique et sur la volonté nationale.

— Vous seriez peut-être embarrassé si je vous demandais où est la volonté nationale, car elle a été dans bien des endroits différents et, comme elle est particulièrement variable et souverainement contradictoire, il est au moins dangereux d'avoir une base aussi mobile. Mais passons. Disons simplement que la république est un régime sans chef héréditaire, sans aristocratie, élisant périodiquement son président et des législateurs, plus libre ou censé plus libre que les autres.

— C'est cela.

— Pourquoi le préférez-vous à la dictature et même à une monarchie tempérée ?

— Parce que je le tiens plus favorable au bien général.

— Ce n'est donc pas par principe, c'est en vue d'une utilité supérieure ?

— L'un et l'autre.

— Prenons la question de principe d'abord : Croyez-vous qu'envers tous et malgré tout la république devrait être préférée, lors même qu'elle serait reconnue comme plus dangereuse et moins propre au bien public que les autres formes de gouvernement ?

Chabourdin fut embarrassé ; — cependant, comme il ne manquait pas d'un certain bon sens, il finit par répondre que la question de principe devait ici s'effacer devant l'utilité publique bien constatée.

— C'est aussi mon avis, M. Chabourdin, et je n'aurais pas compris qu'un rationaliste comme vous, après avoir nié le droit divin de la monarchie, s'agenouillât devant le droit divin de la république, une idole comme l'autre.

Conclusion : aucune forme de gouvernement n'est absolument bonne ou absolument mauvaise. C'est ce qu'avait dit Rousseau. Tout dépend des hommes, des milieux et des circonstances ; des hommes surtout, car vous m'accorderez bien qu'en république, avec plus de liberté — quand il y a plus de liberté — il faut plus de vertu : c'est ce qu'avait dit Montesquieu.

Donc, toute la question, pour un rationaliste, ou simplement pour un homme de bon sens, est de savoir si la république est le gouvernement qui convient le mieux à notre pays, si nous sommes assez sages pour savoir le pratiquer, si nous sommes dignes de cette forme de gouvernement, la plus belle en théorie, la plus juste, la plus raisonnable même, si vous le voulez, toujours en théorie ; si enfin l'expérience confirme la solution que nous avons adoptée.

— C'est justement, dit Chabourdin, ce que je soutiens avec tous les hommes sensés, tous les hommes de bonne foi.

— C'est justement sur ce terrain, M. Chabourdin, que je ne vous suivrai pas, car je ne fais pas de la politique courante et je veux rester sur le terrain élevé..... du mont Pilat. Mais, croyez-moi, renoncez à ces clichés : tous les hommes sensés, tous les hommes de bonne foi, etc. Il y a des hommes sensés et des hommes de bonne foi dans tous les partis. L'opinion publique, tout le monde l'a dans sa poche ; chaque journaliste l'a au bout de sa plume et chaque orateur au bout de sa langue. Quant à moi, je ne sais trop où elle est, car il me semble qu'elle se moque tour à tour de tout le monde. Les ambitieux peuvent lui courir après. Pour moi, je vous avoue franchement que je m'en moque, n'ayant rien à lui demander et sachant, par expérience, le peu qu'elle vaut.

Restant donc dans notre domaine rationaliste, j'en reviens à ma première réponse : Je suis républicain si l'on veut, ce qui signifie que si la majorité de la nation se montre vraiment républicaine, c'est-à-dire si elle sait user du régime, sans en abuser, si elle montre ainsi que le régime convient au pays, je suis prêt non seulement à l'admettre, mais encore à applaudir de grand cœur.

Je vais plus loin, M. Chabourdin, et vous pouvez croire qu'il y a dans ce que je vais vous dire plus de tristesse que d'ironie : je regrette profondément de voir que l'aveuglement de la coterie qui nous gouverne tend à démontrer une fois de plus que notre pays n'est pas mûr pour un régime aussi élevé que l'idéal républicain.

— Voilà, dit Chabourdin, une profession de foi qui n'est pas sans mérite pour un réactionnaire.

— Encore une qualification, cher monsieur, dont votre parti a grand tort d'abuser ; il devrait comprendre que le nombre des réactionnaires est toujours en raison directe de celui des révolutionnaires. Je ne suis ni l'un ni l'autre. Au fond, les uns et les autres ne sont que des minorités plus ou moins bruyantes, que la masse suit ou laisse courir selon les circonstances et selon ses intérêts, selon des sentiments ou des préjugés qui ne sont pas toujours facilement explicables et conformes à ce qui nous paraît être la raison et le bon sens. On peut s'en affliger, mais s'en étonner, non pas, car cet éternel mouvement de bascule de la raison à la folie, du repos à l'agitation, de la paix à la guerre, du bien au mal, n'est pas autre chose que la loi inéluctable de la destinée des nations, comme de celle des individus. Il faut, sans doute, viser toujours le bien, mais sans se dissimuler, vu la faillibilité humaine, qu'en croyant agir dans ce sens, on est souvent exposé à faire le contraire.

L'essentiel est de suivre les indications de sa conscience, et comme, malgré cela, il existe encore des chances d'erreur, il faut se rappeler que l'indulgence et la tolérance sont les leçons qui sortent le plus universellement de l'histoire. Si vous voulez que je précise encore plus, M. Chabourdin, mon opinion est que les peuples ont généralement le gouvernement qu'ils méritent ; que celui-ci n'est que la résultante de leurs défauts et de leur qualités ; que la meilleure des révolutions ne vaut pas le diable et que le plus sage est toujours d'accepter le gouvernement que l'on a, quitte à s'attacher à le réformer par les voies légales et pacifiques, avec la conviction que ce but peut toujours être atteint, si l'on y met le temps et la patience.

— Il y a du vrai dans vos paroles, répondit Chabourdin, et je ne veux pas méconnaître vos intentions libérales. Mais, au fait, si ce n'est pas être trop indiscret, pour quel genre de candidats votez-vous en temps d'élections ?

— Vous me forcez à un aveu désagréable : Je sais tellement par expérience que plus ça change, plus c'est la même chose ; je vois si peu de candidats parfaitement équilibrés et, enfin, pour tout dire, je me défie si fort de moi-même, que le plus souvent, jusqu'ici, j'ai cru sage de m'abstenir.

— Si tout le monde faisait comme vous ?

— Je ne sais pas si ça irait mieux, mais assurément cela ne pourrait guère aller plus mal. J'ajoute que ce n'est pas sans un certain orgueil intérieur que je me suis toujours trouvé, quand j'ai voté, avec la minorité. Si mon candidat avait passé, je me serais dit probablement, comme cet orateur surpris par les applaudissements d'une foule inepte : Est-ce que j'aurais fait une bêtise ? tant j'ai une haute idée du suffrage universel !

Chabourdin s'en prit à l'abbé, en reprochant au clergé son hostilité contre la République.

L'abbé protesta : — Je vous ai écouté avec intérêt, dit-il ; mais notre république, qui, d'ailleurs, peut s'accommoder aussi bien des républiques que des monarchies terrestres, n'est pas de ce monde. Les formes de gouvernement nous sont indifférentes, pourvu qu'elles s'accordent avec les lois supérieures de la justice et de la morale. Nous croyons que Dieu voit avec plus de faveur un honnête républicain qu'un malhonnête monarchiste, et réciproquement, et qu'il laisse une large marge aux fantaisies des hommes dans la difficile entreprise de se gouverner eux-mêmes. *Tradidit mundum disputationibus eorum.* Il ne leur demandera pas compte de leurs erreurs sur ce point, tant que ces erreurs seront compatibles avec une bonne conscience.

Plus que personne, je regrette l'immense malentendu qui existe aujourd'hui entre la République et la religion. Croyez bien, cher monsieur, que celle-ci est loin d'être une ennemie irréconciliable.

Je vais plus loin : je crois pouvoir dire que le clergé, presque uniquement sorti des entrailles du peuple, c'est-à-dire de la classe des humbles et des travailleurs, aurait bien plutôt des tendances républicaines et démocratiques, dans la bonne acception du mot, s'entend, que des instincts réactionnaires. Croyez-moi, monsieur Chabourdin, le régime actuel a été bien aveugle à l'égard du clergé, car il lui suffisait d'être calme et équitable pour ne pas soulever la plus formidable des causes du mécontentement général qui compromet aujourd'hui son existence.

— Pour moi, dit le chasseur, ce qui me révolte le plus dans la République, après ses vexations imbéciles contre le clergé, c'est l'extrême loquacité de son personnel. On dirait qu'elle n'est composée que d'avocats. Il n'y a pas de voyage officiel, de fête ou d'enterrement, où les harangues ne se comptent à la douzaine. Depuis une quinzaine d'années, il a été prononcé certainement plus de discours que dans toute la période qui s'est écoulée entre le roi Pharamond et M. Gambetta. Si j'étais député — ce dont Dieu me garde ! — ma première proposition serait pour l'achat d'un magnifique sablier que l'on poserait sur la tribune et qui, écoulant son sable en dix minutes, marquerait impitoyablement la durée que ne devrait jamais dépasser un orateur. Que de bêtises on épargnerait ainsi aux oreilles françaises ! Un sablier, voilà le meuble le plus nécessaire dans les Assemblées françaises. A parler franchement, j'aime mieux un tyran comme Louis-Philippe qu'une république de bavards.

— Il me semble, dit lord Socrate, que je peux, sans trop céder à l'amour-propre national, vous proposer encore l'exemple de mon pays. Au fond, si république signifie liberté, l'Angleterre est plus républicaine que vous, bien qu'elle ait jugé sage de conserver au sommet de l'édifice l'enseigne monarchique, représentée par notre grâcieuse reine. En France, vous regardez trop aux mots et pas assez aux choses ; vous courez après une constitution idéale, comme les enfants après l'oiseau bleu ! Nous visons la satisfaction de nos intérêts les plus généraux, sans nous soucier de la forme et de l'étiquette. Tandis que vous vous buttez à la poursuite de l'absolu, nous nous contentons de bonnes et substantielles réalités. Notre Constitution est si vieille qu'elle en est méconnaissable, sans que personne demande à la réviser. Nos traditions loyalistes, notre caractère pratique, notre esprit religieux en tiennent lieu. Vus d'Angleterre, nos bons voisins les Français nous font l'effet de gens qui font une constitution comme on ferait une boîte à musique et qui s'imaginent qu'une fois l'instrument terminé et perfectionné, il doit jouer tout seul indéfiniment et faire le bonheur du peuple, sans que celui-ci ait à se préoccuper aucunement d'en faciliter et d'en entretenir le jeu ; bien mieux, qui s'en prennent à l'instrument, parce que celui-ci, monté à contre-sens ou manié trop brutalement, ne rend plus que des sons faux. Il est évident que la meilleure constitution ne vaut rien avec un peuple vicieux et indiscipliné, tandis que le bonheur et la prospérité peuvent coïncider avec la constitution la plus défectueuse, avec l'absence même d'une constitution formelle, ce qui est notre cas, quand les vertus d'un peuple savent en tempérer les défauts ou en suppléer l'absence.

Le peuple français a beaucoup de qualités charmantes et nous l'apprécions en Angleterre beaucoup plus que vous ne le pensez, mais ce n'est pas chez lui que nous irons jamais apprendre l'art, d'ailleurs fort difficile, du *self government*, et nous pensons que les tendances anti-religieuses, qui dominent chez lui, ne sont rien moins que propres à lui faire atteindre le but idéal qu'il poursuit.

Ce n'est pas tout que de fabriquer une bonne machine et d'en ajuster exactement toutes les pièces, il y faut encore le moteur pour l'animer et l'huile pour éviter les frottements dangereux. Or, en dehors du sentiment religieux, je cherche vainement d'où pourraient venir les vertus nécessaires aux gouvernants et aux gouvernés, d'où pourraient venir aussi, dans les crises sociales comme celle d'aujourd'hui, aux patrons l'esprit de justice et de charité, aux ouvriers l'esprit de sagesse et de résignation, toutes choses sans lesquelles la meilleure des organisations risquera toujours d'échouer et ne sera jamais de longue durée. Et voilà, M. Chabourdin, pourquoi votre fille est muette !

Chabourdin se préparait à répondre. Il en fut empêché par le chasseur, qui lui fit observer qu'une discussion politique prolongée sur le Pilat jurait avec la solitude, le silence, les fleurs, les arbres, les eaux, tout le paysage de la contrée.

C'est à miss Diana, dit-il, qu'il faut demander le mot de la fin, et nous le trouverons assurément dans le dessin qu'elle vient de crayonner pendant nos trop longues dissertations... si elle veut bien nous le communiquer.

— Volontiers ! dit miss Diana.

Elle nous remit le dessin. C'était le portrait de la reine Victoria, avec ces mots au bas :

God save the Queen !

XVII

LA PHILOSOPHIE DE LA RELIGION

Un orage. — Les semences des plantes. — Le corps humain et ses organes. — Les industries des animaux. — Les mystères de l'espace. — Le dieu inconnu. — L'origine des religions. — La philosophie du peuple. — La liberté humaine. — Le péché originel. — Solidarité des générations humaines. — La messe. — Ça y est. — Les cérémonies du culte. — Maximes et bijoux antiques. — Le besoin de diviniser. — Histoire des pensées de l'abbé. — Le sacrifice. — La conclusion de miss Diana.

Des indices d'orage nous déterminèrent à quiter, non sans quelque hâte, le pic de l'Aillon pour rentrer à la Jasserie. Nous arrivâmes juste à temps pour éviter une averse torrentielle, accompagnée d'impétueux coups de vent, coupés par les éclats du tonnerre.

— O la jolie musique ! dit Chabourdin qui s'efforçait de dissimuler son émotion sous des apparences de gaîté.

Les gens de la ferme se tenaient réunis dans la cuisine, prêts à se porter sur les points où les effets de l'orage pourraient réclamer leurs soins.

Le vent faisait rage au dehors.

— C'est plus fort que la *burle !* disait le berger.

On appelle ainsi, dans les régions montagneuses du Vivarais et du Forez, les violentes raffales de neige qui aveuglent le voyageur en hiver et lui font perdre sa route.

Nous montâmes dans la chambre du Seigneur, où chacun s'assit autour de la grande table.

— Remarquez, dit lord Socrate, combien tous ces bruits de l'atmosphère, quelle qu'en soit l'intensité, sont harmoniques : l'homme fait des fausses notes, la nature n'en fait pas.

De même dans les paysages : ils sont beaux ou laids à notre point de vue, mais toujours vrais. Les tons criards eux-mêmes s'accordent avec le reste dans la nature, tandis que sur une toile ils nous impressionnent désagréablement. Un loup dévore un agneau, un vautour déchire un pigeon ; c'est horrible, mais c'est la loi et l'effet produit est tout autre que celui des fausses cruautés ou des fausses beautés qui sortent de notre imagination.

L'abbé avait posé sa boîte de botaniste sur la table et expliquait à miss Diana quelques-uns de ses sujets. Beaucoup de plantes étaient en pleine maturité. Il sortit une poignée de graines du fond de la boîte :

— Prenez, dit-il à la jeune Anglaise, vous sèmerez dans votre jardin en Angleterre. Celles qui pousseront vous rappelleront l'orage du Pilat.

S'adressant à Chabourdin :

— Etes-vous entré quelquefois, monsieur, chez un marchand grainetier ?

— Mais oui.

— Quelle pensée vous est venue à la vue de tant de semences si semblables en apparence et si diverses dans leurs effets ?

— Je vous avoue, dit Chabourdin, que j'ai pensé surtout à la difficulté que doit éprouver le marchand grainetier pour faire de bonnes affaires avec une marchandise qui a si peu de chalands.

— Laissons-là le marchand grainetier, monsieur Chabourdin, puisque sa boutique vous inspire si peu, et allons en pleine campagne.

Voici un champ. Deux semences y sont apportées par le vent ou semées par la main de l'homme à côté l'une de l'autre. Le terrain et les influences atmosphériques sont les mêmes ; une de ces semences produit un épi de blé et l'autre un chêne ; l'énorme différence des deux végétaux a pour point de départ un germe presque nul comme volume et comme poids, mais d'une puissance virtuelle incommensurable. Le fait nous saisit, mais le pourquoi et le comment sont pour nous lettre close. Les enfants qui nous fatiguent de leurs pourquoi? à la vue de ces mystères, sont plus naïfs que nous, mais, au fond, nous n'en savons pas plus qu'eux, et les philosophes, en y regardant bien, trouvent encore plus que les enfants des motifs d'admiration et d'étonnement.

Mais il n'y a pas dans le monde que des grains de blé ou des glands. Le nombre des espèces végétales défie nos calculs, comme celui des cailloux des rivages ou des étoiles du ciel.

Comprenez-vous qu'il n'y ait jamais d'erreur dans le rapport de la semence à son végétal? Comprenez-vous qu'un gland, un noyau de pêche, un pépin de raisin jetés dans la même terre, arrosés des mêmes eaux, éclairés du même soleil produisent des végétaux si différents sans jamais se tromper? Avouez qu'il y a dans chacun d'eux une vertu singulièrement efficace et sûre d'elle-même, à moins que cette vertu ne soit ailleurs et ne s'exerce sur toutes ces semences à la fois.

J'intervins pour reprocher plaisamment à l'abbé de vouloir accaparer pour la botanique tous les mystères de la création. Où y en en a-t-il plus, dis-je, que dans la médecine et dans les sciences qui s'y rattachent? Vous vous étonnez de l'action si constante et si régulière des semences pour la reproduction des espèces. Est-il moins étonnant de voir tous les enfants naître avec un nez, un front, une bouche, deux mains, deux pieds, deux oreilles, dix doigts et dix orteils ? Pourquoi tous ces organes fonctionnent-ils partout de la même façon, à toutes les époques et sur tous les points du globe? N'est-ce pas la régularité seule de la loi et sa généralité qui nous empêchent de nous en étonner ?

Avez-vous songé quelquefois, M. Chabourdin, aux mystères de l'organisation de notre corps ? Savez-vous le secret de la nutrition, de la respiration, de la circulation du sang, de la locomotion et de la pensée? Nous vivons sans savoir comment et sans avoir trop à nous en préoccuper; et c'est fort heureux, car si la machine n'allait pas toute seule, nous serions fort embarrassés pour la diriger ou la remettre en mouvement. Aristote, qu'on cite trop peu aujourd'hui, peut-être parce qu'on l'a trop cité jadis, a une page superbe sur la main humaine, qui réunit en elle tous les instruments domestiques inventés depuis, qui répond à tous nos besoins, et qui suffirait à elle seule pour démontrer la suprême prévoyance de celui qui en a doté l'être humain. On pourrait en dire autant de chacun de nos organes ; tous répondent à d'ingénieuses combinaisons, dont nous ne savons encore que la plus minime partie.

La machine humaine a cela d'admirable que, dérangée, elle se remonte toute seule, pourvu qu'on n'en ait pas trop faussé les ressorts. Un des grands principes de notre art est que la nature seule, si elle n'est pas trop empêchée ou si nous ne sommes pas trop profondément avariés, guérit toutes nos maladies. Il y a en nous une résistance vitale qui ne se trouve pas dans les œuvres humaines. C'est cette force qui constitue la vie et dont nous nous efforçons de deviner les secrets.

— Cette force, dit lord Socrate, n'est pas seulement dans l'homme, elle est partout, ou du moins tout ce qui existe en reçoit l'impulsion.

Pourquoi les oiseaux savent-ils chanter et voler sans l'avoir appris, les poissons nager, les fauves chasser, les abeilles, les castors, les vers à soie et une foule d'autres animaux pratiquer de merveilleuses industries où nous sommes impuissants à les égaler ?

Pourquoi le soleil reparaît-il régulièrement tous les jours ? Qui l'a chargé de chauffer et d'éclairer le monde ? Est-ce le hasard qui l'a formé, qui lui a donné son éclat, sa chaleur, son mouvement ? Est-ce le hasard qui a mis la terre à distance convenable du soleil pour n'être ni rôtie, ni glacée, et lui a tracé sa route ?

Au printemps, les arbres poussent et nous couvrent de leur ombre en été, quand le besoin de chaleur se fait sentir. En hiver, les feuilles tombent pour ne plus nous priver de la chaleur du soleil.

Il y a toujours quelque part un soleil ardent, pour vaporiser les eaux de la mer et entretenir par toute la terre, au moyen des nuages portés par les vents, une humidité nécessaire, en même temps qu'il y a aux deux pôles, comme aux sommets des plus hautes montagnes, des sources de froid et d'eau limpide pour contrebalancer les chaleurs et les sécheresses et faire tourner leur équilibre à l'utilité de l'espèce humaine.

Où en serions-nous si les révolutions géologiques, les immenses commotions terrestres, n'avaient pas eu lieu? Grâce à elles, l'écorce terrestre, plissée comme une vieille pomme, a donné des abris aux plantes, aux animaux et à l'homme. Grâce à elles, les glaciers ont formé des bassins suspendus pour suppléer à l'absence des pluies ; les volcans nous ont préparé des mines inépuisables de briques et de pouzzolane, en même temps que les dépôts marins nous abandonnaient des carrières inépuisables de combustible, de marbre, de chaux et de pierres de taille. Tout cela arrangé comme une horloge qui ne se démonte jamais. Les orages y figurent comme ces comètes que l'on n'avait aperçues qu'une fois et dont la périodicité était encore inconnue. Partout des lois pour gouverner la vie du monde, aussi bien dans le mouvement des astres que dans la rotation des saisons et la vie de la race humaine.

Lord Socrate continua en montrant combien l'idée de Dieu ressortait encore plus grandiose des splendeurs du ciel que des merveilles de la terre. On voyait qu'il s'était occupé d'astronomie, à la façon dont il parlait de l'infini des mondes et de l'infinité de l'espace. L'imagination, dit-il, se perd dans la contemplation de cet océan d'un nouveau genre, où chaque îlot est un monde, chaque lueur un soleil. Mais si elle est incapable d'en saisir la mesure, il est au moins aisé d'y reconnaître l'ordre et l'intelligence.

Ces globes ont des mouvements réguliers. Les comètes elles-mêmes ne marchent pas inconsidérément comme les démagogues.

Peut-on supposer que cette armée colossale et formidable des mondes, que nous apercevons de notre lucarne terrestre, soit sans chef ? qu'elle tourne dans l'immensité au hasard et sans but ? Non, puisque nous y apercevons une règle.

— Il est certain, dit Chabourdin, qu'il y a dans le monde une infinité de choses qui échappent à notre raison. Je ne nie pas l'âme de l'univers. Je ne nie pas les forces de la nature. Je refuse simplement de croire au Dieu personnel qui est l'objet des religions humaines.

Il me semble, dis-je, que nous ne sommes pas loin de nous entendre, malgré certaines apparences. Vous reconnaissez l'âme de l'univers et les forces de la Nature. Combien de fois nous avez-vous dit, en présence de tel ou tel mystère de la création : Il y a quelque chose là-dessous ! Mais ce quelque chose, cher monsieur, c'est précisément ce que vous niez tous les jours : c'est le sublime, l'intelligent, le profond, l'absolu, l'infini, l'inconnu par-dessus tout, ce que nous appelons Dieu ! Vous ne pouvez nier les lois qui régissent l'univers. Or, il n'y a pas de loi sans législateur. La constatation, d'un côté, de notre ignorance, et de l'autre, d'une puissance inconnue dont nous ne sommes pas capables d'imaginer la grandeur, n'est pas autre chose au fond qu'un acte de croyance en Dieu. Les anciens Grecs avaient élevé un autel au Dieu inconnu. Vous en faites autant sans vous en douter.

— Vous avez des façons de raisonner qui déroutent, dit Chabourdin. Après tout, s'il vous plaît d'appeler Dieu tout ce que nous ignorons, je ne voudrais pas vous contrarier pour si peu. Mais je proteste contre Dieu tel que nous le représentent toutes les religions : le Dieu des peines et des récompenses d'outre-tombe, celui qui a un paradis et un enfer.

— Mais dans ce système, dit l'Anglais, où mettez-vous la justice ?

— La justice véritable, répondit le commis-voyageur, doit être indulgente pour les faiblesses humaines.

— Je ne dis pas non, répliqua lord Socrate, mais c'est une question dont je laisse la solution à plus sage et plus puissant que nous.

— Voulez-vous, dis-je à Charbourdin, me suivre dans une petite course idéale à travers les âges ? Remontons des milliers de siècles jusqu'aux populations les plus primitives. Que font les groupes humains répandus sur la terre ? Evidemment ils cherchent à s'organiser en société, en vertu d'une tendance basée sur leur instinct ou leur intérêt mutuel. De là un gouvernement et des lois plus ou moins informes et s'améliorant graduellement. En même temps, les plus intelligents cherchent le moyen d'éclairer les autres. Par quelles phases ont passé l'instruction publique et la philosophie (abstraction faite de toute révélation divine) depuis cet état embryonnaire jusqu'à l'époque actuelle, c'est ce qu'il serait trop long d'examiner. Mais n'est-il pas permis de penser qu'au début encore plus qu'aujourd'hui, l'esprit des masses était fermé aux formules abstraites ? N'est-il pas évident que les politiques de ce temps, qui probablement ne faisaient qu'un avec les prêtres et les philosophes, durent tout naturellement donner à leurs idées une forme susceptible de pénétrer toutes les cervelles, afin de faciliter l'œuvre sociale dont ils avaient la direction et la responsabilité ? Ils les résumèrent en quelques dogmes, cérémonies ou usages accessibles au vulgaire, accommodés, si vous voulez, à la mesure d'esprit de la foule.

C'est ainsi nécessairement que la religion s'est formée, si l'on n'admet pas la révélation directe. C'est ainsi qu'elle se reformerait si elle venait à disparaître. Elle n'est donc ni une excroissance vicieuse dans la vie d'un peuple, ni un fait de hasard. Elle pousse dans les sociétés comme les feuilles sur les arbres, comme l'herbe dans les prés ; sa force vient de ce qu'elle sort toute vivante des lois mêmes de la nature humaine, qu'elle en est la personnification et la poésie. C'est une nécessité de l'âme et un besoin social. Il faut de plus y voir la symbolique des plus hautes vérités découvertes dans les temps antiques, la résultante des traditions, du sentiment et de l'instinct des peuples, le produit de leur expérience, en un mot la quintessence de la science humaine. La religion est enfin, comme l'a fort bien dit Barthélemy Saint-Hilaire, la philosophie du peuple. Voilà pourquoi elle s'impose à ceux même qui ne croient pas aux choses surnaturelles.

Pourquoi s'étonner qu'il y ait des mystères chez elle quand la nature en est pleine ? S'il n'y en avait pas, elle ne saisirait pas les esprits et les cœurs. Celui qui se moque des mystères est comme l'ignorant qui méprise les vieux monuments qu'il ne comprend pas, tandis que l'homme sérieux s'incline devant eux, respectueux et songeur.

Supposez qu'on découvre demain dans le Vivarais, le Lyonnais ou le Forez, une inscription à vieux caractères, se rapportant à une époque, à un culte, à un état de choses, à un peuple depuis longtemps disparus : quelle émotion parmi les savants ! avec quelle impatience on attendrait le résultat des recherches des archéologues !

Eh bien ! M. Chabourdin, la religion et le culte, pour ne les considérer qu'au point de vue humain, renferment infiniment plus de secrets graves et intéressants. Permettez-moi de penser que si vos amis comprenaient mieux cette genèse du sentiment religieux, ils nous offriraient un spectacle moins déraisonnable. Ils respecteraient au moins la religion comme la seule philosophie accessible au plus grand nombre, comme la garantie la plus sûre de la morale et l'instrument le plus efficace de la civilisation.

— Il y a du vrai dans ce que vous dites, répondit Chabourdin ; mais, si je ne nie pas la nécessité du sentiment religieux, je veux au moins qu'il marche avec le temps. Je le subordonne à la science pure pour l'empêcher de tomber dans le mysticisme et la superstition. La raison humaine doit tout contrôler.

— Quelle raison humaine, M. Chabourdin ? La mienne ou la vôtre ? Celle de M. l'abbé ou celle de lord Socrate ? Celle d'un Lapon ou celle d'un nègre du Gabon ? Car pas une n'est, de tous points, semblable à l'autre.

— La raison humaine, c'est celle qui s'inspire de la science pure, celle dont Léon Gambetta et Paul Bert, les chefs de la majorité républicaine, sont les plus éloquents interprètes. Celle-là dit que la religion a fait son temps.

— En êtes-vous bien sûr ? Vous oubliez que, pour un homme intelligent, qui peut à la rigueur comprendre la morale sans dogme, il y a mille ignorants qui ne séparent pas l'une de l'autre. Puisque vous aimez tant la théorie du nombre, que votre orgueil s'incline devant l'intérêt de l'immense majorité des hommes.

Il n'y a pas dans le monde que des gens qui raisonnent ou déraisonnent. Il y en a infiniment plus qui sont hors d'état de s'élever à ces hautes questions, et qui tomberaient désorientés et découragés dans le dur voyage de la vie, s'ils cessaient d'apercevoir le phare religieux qui les guide. Pourquoi voulez-vous enlever aux pauvres gens la croyance en Dieu, l'espérance d'une compensation future, qui seules les soutiennent dans leurs misères ?

Que donnerez-vous en échange au soldat qui expose sa vie pour son pays, aux prêtres et aux sœurs de charité qui se consacrent au soin des malades, à toutes les personnes généreuses qui se dévouent au soulagement de leurs semblables, sans aucune perspective de récompense dans ce monde ?

Ne voyez-vous pas que c'est précisément pour satisfaire à tous ces besoins, pour répondre à toutes les questions dont la portée dépasse notre intelligence, que la religion existe ? C'est elle qui remplit le vide de la science humaine, élève et console les âmes, en rappelant que ce monde n'est pas tout, que cette vie n'est qu'une épreuve passagère et que nous trouverons outre-tombe les compensations qui nous font défaut ici-bas. La vie actuelle ne s'expliquerait pas sans une autre vie ; aussi toutes les religions aboutissent-elles à cette conclusion, et c'est pour cela que la plus imparfaite vaut infiniment mieux, comme moyen pratique, que le plus brillant des systèmes philosophiques. La philosophie seule aboutit au doute ; une synthèse religieuse en est le correctif nécessaire et le complément rationnel.

Ici Chabourdin nous opposa la fameuse objection que l'on entend faire à tant de jeunes gens : Puisque Dieu est si bon, pourquoi nous a-t-il exposés à pécher et par suite à mériter l'enfer ? Il était si facile à sa toute puissance de ne pas nous faire risquer une pareille éventualité ! Concevez-vous une bonté de ce genre ?

Lord Socrate intervint : Voilà, dit-il, une objection qui ne viendrait jamais à l'idée d'un Anglais.

— Pourquoi cela, monsieur ?

— Parce que nous avons plus que vous le sentiment de la liberté. Comment ! vous, républicain, c'est-à-dire plus libéral que personne, c'est du moins votre prétention, vous reprochez à Dieu de vous avoir laissé libre de vos pensées et de vos actes ! Comment ! vous qui aimez tant à faire porter aux partis opposés la responsabilité de leurs fautes, vous ne voulez pas que l'homme soit responsable de sa conduite !

— Eh ! bien, répliqua Chabourdin, admettons la responsabilité personnelle de chacun vis-à-vis de la puissance inconnue que vous appelez Dieu. Que chacun soit récompensé ou puni même durement selon ses œuvres, cela peut s'admettre. Mais comment accepter la fable d'Adam et d'Eve ? Comment justifier le dogme du péché originel ? Comment supposer que Dieu soit moins juste et moins bon que nous ne le sommes nous-mêmes, puisqu'il fait porter aux enfants la faute de leurs parents ?

— Je dois avouer, dit le chasseur, que cette objection m'a souvent trotté dans la tête, et j'avoue que c'est encore là un de ces mystères devant lesquels mon esprit s'arrête douloureusement confondu... quand la chasse ou les affaires me laissent le temps d'y penser.

— Pour moi, dit lord Socrate, je ne comprends pas que dans la patrie de Descartes on s'arrête à des arguments de ce genre. Le péché originel vous offusque : est-ce un motif pour le nier ? Ouvrons les yeux sur le monde et nous l'y trouverons inscrit partout en caractères saisissants. Qui pourrait contester l'étroite solidarité qui lie les générations entre elles, ou plutôt qui fait dépendre en grande partie de la conduite des pères la destinée des enfants ? Juste ou injuste à notre point de vue, le fait est indéniable : nous profitons des dons physiques, moraux et matériels qui nous sont échus en héritage, comme nous pâtissons des santés faibles, des vices ou de la misère que nous ont transmis nos parents. Ce qui est vrai pour les familles l'est aussi pour les nations. Les générations présentes se ressentent en bien ou en mal des vertus ou des vices, des exploits ou des fautes de celles qui les ont précédées.

Ainsi la punition ou la récompense va au-delà de la personne même, et l'individu est bien averti que ses actes ont une portée immense et que s'il fait mal il sera puni, non seulement dans sa personne, mais dans celle de ses enfants, c'est-à-dire dans ce qu'il a de plus cher au monde.

Vous conviendrez bien au moins qu'en faisant ressortir cette loi de l'évidence des faits, le Créateur ne pouvait guère imaginer une plus puissante impulsion au bien.

Qu'avons-nous à opposer à ce grand fait? Simplement la manière dont nous concevons la justice divine et la destinée humaine.

Nous n'admettons pas que l'on soit malheureux sans l'avoir mérité personnellement. Nous voudrions que chaque enfant naquît avec une santé parfaite et trouvât dans son berceau 10,000 livres de rente, sans songer que les rentes impliquent des travaux préalables que n'aiment pas les rentiers et impliquent surtout des serviteurs, lesquels, ayant aussi droit à 10,000 livres de rentes, seront difficiles à trouver.

Mais cette inégalité se retrouve partout dans ce monde : les uns habitent des pays brûlants et les autres des régions glacées ; les orages, les naufrages, les tremblements de terre, les épidémies frappent aveuglément les groupes humains.

Allez-vous demander une condition égale pour toute la terre et la suppression de tous les mouvements de l'eau, de la terre ou de l'air qui peuvent mettre en danger notre vie ou notre repos ?

Un point qui n'est pas douteux, c'est que cette égalité réclamée par notre imagination, en la supposant possible, cesserait bien vite d'exister selon l'usage que chacun ferait de sa liberté et de ses facultés. N'est-ce pas le cas de dire : avant de détruire ce qui est, faites-nous le plan et le devis de ce que vous voudriez mettre à la place ? Mais, pauvres gens, nous ne savons rien ou presque rien des lois du monde physique et moral. Nous ne savons ni comment nous sommes venus, ni comment nous vivons, ni ce que nous deviendrons ensuite. Nous sommes environnés de choses merveilleuses sans pouvoir en expliquer aucune. Avant de critiquer et de réformer, cherchons à connaître à fond ce qui est. Le secret de notre destinée est à trouver, non pas dans notre imagination, mais dans les faits bien constatés dans l'ordonnance générale du monde. Partant de l'idée que l'auteur des hommes et des choses en sait plus que nous, guidons-nous beaucoup plus sur ce qui existe que sur les conclusions plus ou moins hâtives auxquelles nous avons pu arriver.

Chabourdin ne parut pas avoir parfaitement compris les hautes considérations que venait d'émettre l'Anglais au sujet du péché originel et, poursuivant sa tactique habituelle, il s'empressa de soulever une autre question. Il déclara qu'on ne lui ferait jamais croire que Dieu, puisque Dieu il y a, avait eu besoin de venir sur la terre se faire martyriser pour le salut des pauvres Lilliputiens qui l'habitent.

— Il est certain, dit l'abbé d'un air narquois, qu'un philosophe n'aurait jamais commis.... une sottise pareille.

Lord Socrate, sortant alors un journal de sa poche, nous lut le récit d'un acte héroïque ; un jeune homme riche, beau, à la veille de se marier, n'avait pas hésité à se jeter dans un torrent débordé pour sauver un enfant qui se noyait et avait péri victime de son dévoûment. Un peu plus loin, la fille du marquis de X..., jeune, jolie, riche, disait adieu à toutes les joies du monde et entrait dans l'ordre de Saint-Vincent-de-Paule.

— Vous avez entendu, monsieur Chabourdin ? Est-ce que vous pouvez ajouter foi à des bourdes pareilles ?

— Pourquoi pas ?

— Oh ! monsieur Chabourdin, parlons sérieusement. A qui ces journalistes feront-ils croire qu'un jeune homme et une jeune fille, dans une situation pareille, puissent ainsi s'exposer à la mort ou renoncer à tous les bonheurs de la vie pour des gens qui ne leur sont rien ? C'est bon pour d'ignares chrétiens de supposer à leur Dieu ce noble dévoûment, mais un homme éclairé comme vous n'accepte pas de pareilles invraisemblances.

— Vous m'accorderez bien, dit Chabourdin, qu'il y a dans la Bible des choses inadmissibles : les trompettes de Jéricho, l'âne de Balaam, la mâchoire de Samson...

— Oh ! monsieur ! exclama miss Diana, indignée.

— Il y a des gens, dis-je alors, qui, même en considérant la Bible comme un poème, en parlent sur un autre ton que notre savant compagnon de voyage. Veuillez remarquer, M. Chabourdin, qu'au simple point de vue scientifique, les sept jours de la Genèse sont faits pour étonner singulièrement nos géologues modernes qui, après trois ou quatre mille ans et peut-être davantage, en sont encore à développer la cosmogonie de Moïse. Des hommes d'esprit ont cru pouvoir, au nom de la science, se moquer du déluge universel, et le plus spirituel d'entre eux a expliqué par le passage de pèlerins les coquilles trouvées sur les montagnes. Or, nous avons eu depuis les découvertes d'un savant illustre qui, par la théorie maintenant admise des soulèvements, a ouvert à la géologie des perspectives tout à fait inattendues, qui rendent beaucoup moins invraisemblable la supposition d'un déluge universel. Je ne me charge pas d'expliquer à M. Chabourdin toutes les obscurités de la Bible et je comprends jusqu'à un certain point les attaques dont elle a été l'objet aux époques militantes de la libre-pensée. Mais aujourd'hui les plus savants, même parmi ceux qui n'accordent pas à la Bible un caractère sacré, sont les premiers à s'incliner devant un livre qui est au moins le plus prodigieux des monuments archéologiques et la plus haute représentation philosophique des mystères dont les origines de l'humanité sont enveloppées.

Chabourdin se mordit les lèvres, mais comme le prurit anti-clérical était chez lui une véritable maladie, il profita d'un moment où l'abbé s'était éloigné pour revenir à la charge et risquer quelques plaisanteries déplacées sur la messe. Prenant son air le plus bonhomme, il nous dit : Personne ne respecte plus que moi les croyances d'autrui, mais vraiment il y en a qu'avec toute la bonne volonté du monde, il est difficile de digérer : par exemple, le plus élevé des mystères chrétiens, celui de la présence réelle, celui qui a soulevé tant de discussions entre catholiques et protestants.

Le prêtre prétend, en vertu de son caractère sacerdotal, faire descendre Dieu sur la terre. Il dit : *Ceci*... (il n'y a rien) *est*... (il n'y a encore rien)... *mon corps* : ça y est; Dieu est venu à son appel. Deux syllabes ont suffi. Comment veut-on que de pauvres ignorants comme nous acceptent de prime abord de pareils miracles ?

Je m'apprêtais à relever vertement l'inconvenance de notre commis-voyageur; mais le chasseur ne m'en laissa pas le temps.

— En effet, dit celui-ci, c'est là un grand miracle, M. Chabourdin, mais il n'y a cependant rien d'étonnant pour qui a médité la philosophie de la langue humaine. Tenez, en voici un autre qui me servira de réponse : *Vous* (il n'y a rien)... *êtes* (il n'y a rien encore) *un sot*..... (ça y est). Est-ce que la transformation n'a pas été aussi subite? La démonstration faite, je me hâte de vous prier d'excuser la vivacité des termes. Au fond, je crois que nous sommes tous deux dans notre tort, à cela près que la riposte a été justifiée par l'attaque. J'en prends à témoin la compagnie.

— C'est tout à fait notre avis, répondîmes-nous.

Devant l'unanimité spontanée de notre jugement, et sentant bien d'ailleurs qu'il n'avait pas le beau rôle, Chabourdin affecta de prendre la chose en plaisantant et complimenta le chasseur sur sa présence d'esprit, mais il lui en garda au fond une secrète rancune, encore accrue par une sorte de jalousie inconsciente ; car il était évident que s'il y avait dans l'esprit de miss Diana une différence entre lui et le chasseur, elle était toute en faveur de ce dernier.

L'abbé étant revenu, Chabourdin crut avoir trouvé un meilleur terrain d'attaque dans la question des cérémonies religieuses, qu'il condamna en bloc comme des débris surannés d'un autre âge, qui n'ont plus aujourd'hui aucun sens.

— Oh! *shoking!* dit miss Diana.

C'est lord Socrate qui lui répondit. Ecoutez-moi, monsieur, lui dit-il, vous êtes assez jeune et je suis bien vieux. De plus, je suis protestant. Je présente donc des garanties de compétence et d'impartialité qui m'autorisent à donner encore mon avis. Avez-vous remarqué comment se fait l'éducation des enfants? En général, on ne se borne pas à raisonner l'enfant, c'est-à-dire à lui montrer qu'il faut faire ceci et cela parce que c'est juste et utile. On le prend encore par la douceur, on le caresse, on le dorlote, on se l'attache et on le rend souple par des gâteries, par de la tendresse, par des jeux, des fêtes.

Eh! bien, les peuples sont de grands enfants et la religion a agi comme un sage père de famille en ne négligeant rien de ce qui peut les prendre par l'imagination ou le cœur. C'est pour cela sans doute qu'à côté de la pure morale, elle a mis les dogmes et le culte. Ah ! jeune homme, à mesure que vous avancerez en âge, que de choses qui répugnaient d'abord à votre présomptueuse inexpérience, vous paraîtront marquées au sceau d'une sagesse supérieure !

— Mais, dit Chabourdin, visiblement flatté d'ailleurs d'être traité de jeune homme, vous, c'est-à-dire le protestantisme, vous les avez supprimées, ces cérémonies religieuses, comme superflues et ne répondant plus au progrès de la raison humaine !

— Et ce n'est pas ce que nous avons fait de mieux, répliqua vivement l'Anglais. Luther n'aurait pas dû oublier les leçons de l'histoire. La pompe des cérémonies du paganisme retint longtemps les peuples dans l'idolâtrie ; on le comprit au Ve siècle et l'on fit alors entrer dans le nouveau culte plusieurs usages de l'ancien. On transforma les temples en églises ; la plupart de ces changements datent d'alors. En proscrivant les fêtes religieuses, les pères de la Réforme firent preuve d'étroitesse d'esprit et d'absence de sens pratique. Le catholicisme comprit bien mieux le cœur des foules en gardant ses autels chargés de fleurs, d'ornements, de lumières, ses statues, ses processions, ses congrégations avec leurs costumes et leurs bannières, ses beaux chants en langue latine...

— Oh ! parlez-en, interrompit Chabourdin. Pour moi, je n'admets pas qu'on fasse chanter au peuple des choses qu'il ne peut comprendre.

— Je suis d'un avis diamétralement opposé, répliqua lord Socrate, bien que le protestantisme ait encore là-dessus cru devoir briser avec la tradition. Ceux qui ont maintenu pour le culte une langue qui n'est pas celle du vulgaire, ont montré qu'ils avaient de la nature humaine une connaissance plus approfondie que les philosophes modernes. Ce qu'on comprend n'aura jamais pour la masse autant de prestige et ne lui inspirera autant de respect que ce qu'on ne comprend pas. D'ailleurs, n'est-ce pas le symbole de la divinité elle-même ?

Qui la comprend ? Un culte symbolique et une langue morte, inintelligible pour le peuple dans ses détails, intelligible seulement par le sens général, n'est-ce pas le vêtement qui convient à l'idéal divin ! Marot a traduit les psaumes ; est-ce que son *françois* vaut la solennité du latin ?

Savez-vous ce qu'un sceptique s'il en fut, mais un sceptique d'infiniment d'esprit, disait de la messe catholique : « Ces cérémonies sont d'une si grande antiquité, qu'elles sont peut-être la seule chose qui se soit conservée depuis l'enfance du monde, et réclame la piété de tous les hommes, comme souvenir de nos premiers ancêtres (1) ».

Les offices catholiques, avec leurs vieux chants, même sans le grave accompagnement des orgues, sont d'une majesté qui saisit l'âme la plus rétive. Ils dépassent, au point de vue purement artistique, tout ce que les modernes ont pu imaginer, de même que l'architecture religieuse du Moyen-Age est supérieure à l'architecture ancienne. Le philosophe le plus libre-penseur, pour peu qu'il ait l'âme haute, subit l'influence mystérieuse des grandes vérités dont les dogmes sont le voile plus ou moins transparent, et dont le culte est la représentation tangible. L'homme n'est pas tout raison, il s'en faut ; il est encore plus sentiment, c'est là qu'il faut frapper. Le culte est l'instrument sans lequel la musique du dogme ne résonnerait pas dans les âmes qui pleurent, et quelle âme ne pleure pas ?

J'ai assisté aux fêtes mondaines les plus splendides, j'ai vu jouer sur les plus grandes scènes les plus beaux opéras ; eh bien ! j'avoue que rien ne me touche, ne me saisit autant que les cérémonies et les chants d'Eglise. Preuve qu'il y a là un langage supérieur à tout ce qu'a produit l'art profane.

---

(1) HENRI HEINE. — *Reisebilder*, t. 2, p. 248.

Ces cérémonies et ces chants répondent à ce qu'il y a de plus profondément humain et de plus hautement divin dans nos âmes. L'Eglise seule sait remuer nos fibres les plus intimes. Avec elle, nous pleurons nos morts et nous faisons des vœux pour les vivants. Comment se consoler sans elle de la perte d'une personne chère ? Comment, sans son aide, envisager de sang-froid la mort, et comment traverser avec calme cette suprême épreuve ? Par elle, on est lié (*religatus*) à la patrie des âmes, où l'on retrouvera ceux qu'on a perdus.

A ce moment, lord Socrate parut très ému et miss Diana ne l'était pas moins ; par où nous comprîmes tous que de cruelles épreuves avaient inspiré ces dernières paroles.

— Je ne suis pas un grand clerc, dit le chasseur, encore moins suis-je ce qu'on appelle un dévot ; mais je crois voir très clairement que, si l'on parvenait à proscrire le culte et fermer les églises, on aurait créé dans le cœur et les habitudes de la masse ignorante un vide immense, que le cabaret, le jeu ou pis encore ne tarderaient pas à remplir.

L'abbé avait jusque-là écouté en silence. Comme il vit que nous l'interrogions du regard, il prit à son tour la parole et dit :

— Vous venez, messieurs, de montrer que la religion n'est pas condamnée à prêcher une foi aveugle, mais qu'elle peut affronter le libre examen quand le débat a lieu entre des esprits larges et des cœurs élevés. Sur ce terrain, en effet, l'histoire et la philosophie elle-même, non moins que les nécessités évidentes de la vie sociale, viennent à son aide et, puisqu'on parle tant de progrès, j'espère que les idées qui viennent d'être si bien exprimées ici finiront par prévaloir dans le public intelligent. Me plaçant à votre point de vue, je n'ajouterai que peu de mots aux réflexions de lord Socrate. Les anciens ciselaient leur pensée comme les orfèvres cisèlent l'or et l'argent. Ils en faisaient des bijoux et en ornaient leur conversation et leurs écrits. C'est le contraire que l'on voit aujourd'hui. Nos rhéteurs délayent en fades avocasseries ce que le poète grec ou latin concentrait en quelques mots : nous faisons du vulgaire et du bon marché. On ne veut rien laisser à faire à la pensée : en développant et commentant à satiété, nous lui dérobons le plus utile des exercices et le plus délicat des plaisirs.

Il en est de même en philosophie et en religion. Là aussi on ne veut plus de bijou, c'est-à-dire de ces dogmes et de ces cérémonies, qui sont pour le cœur comme le vers ciselé du poète pour l'esprit, et qui renferment tout un monde de traditions et d'enseignements. La demi-science, qui tient le haut du pavé, ne comprend rien à l'histoire et aux mystères antiques. Elle ne voit pas l'or renfermé dans ces montures de fer, la philosophie concentrée dans ces croyances et ces usages qui seuls pouvaient faire pénétrer la morale dans la cervelle des peuples ; et la tâche principale des vrais sages de nos jours consiste à expliquer l'œuvre des sages anciens, et à faire ressortir combien la religion est raisonnable et combien le surnaturel y est naturel.

Au lieu de vénérer le tabernacle en méditant avec respect ses mystères et ses leçons, de prétendus philosophes le profanent par des déclamations impies, et l'on croit avoir vaincu l'esprit qui l'habite, parce qu'on a mis la main sur quelques-uns de ses emblèmes ou de ses vêtements. Mais à peine a-t-on détruit une religion qu'on sent le besoin d'en créer une autre. On refait Dieu sous d'autres noms et avec des attributs plus ou moins modifiés. On divinise la République et même ses sectateurs. On fait l'apothéose de Victor Hugo, après s'être moqué de la canonisation des saints. On couronne de lauriers le buste de Marianne et on l'entoure d'honneurs qui, pour ressembler fort peu aux anciennes cérémonies religieuses, proviennent toujours du même sentiment : le besoin invincible chez l'homme de croire à quelque chose, de se former un idéal quelconque, de demander au monde des esprits ce qu'il ne trouve pas dans celui de la matière.

Les ennemis de toute religion se font ainsi surprendre en flagrant délit de contradiction. Que signifient même leurs enterrements civils, avec bannières et l'immortelle à la boutonnière? Ils croient donc à quelque chose au-delà de la tombe ! Mais tout cela s'appelle simplement Dieu.

L'abbé nous raconta la marche de ses idées. Il avoua qu'il avait été, dans sa jeunesse, incrédule et critique inconsidéré tout autant que M. Chabourdin lui-même. Peu à peu, comme il était travailleur et réfléchi, il fut frappé de la profonde connaissance du cœur humain qui se manifeste dans la religion, en même temps que de l'ignorance de ses ennemis. Ceux-ci semblent ne rien comprendre aux besoins de l'âme humaine, à la nécessité pour celle-ci de croire à quelque chose, de se rattacher à un principe supérieur, d'invoquer un être puissant aux heures de tristesse ou d'épreuve. Ils ont l'air de considérer comme factice, comme un produit de l'éducation, le sentiment religieux qui, sous une forme ou sous une autre, est un besoin impérieux de l'homme et en quelque sorte le corollaire obligé de son ignorance et de sa faiblesse.

Il chercha ce qui pouvait remplacer la religion si elle n'existait pas. Il reconnut bien que, pour quelques âmes d'élite, les principes philosophiques pouvaient suffire. Platon avait déjà constaté qu'on était généralement heureux ou malheureux dans ce monde, selon qu'on était honnête ou déshonnête, et avait fait de cette vérité la base de sa république idéale. Le comte de Maistre est venu, deux mille ans après, démontrer que la somme générale des biens dans ce monde est pour la vertu, et celle des maux pour le vice. Quelques lettrés peuvent avoir lu Platon et de Maistre et tous ne les ont peut-être pas bien compris. La loi naturelle des philosophes du XVIIIe siècle, qui repose sur l'intérêt bien entendu, est-elle mieux faite pour pénétrer les masses populaires ?

Toutes ces théories ne supposent-elles pas une intelligence, une sagesse générales qui ne sont rien moins que la réalité des faits ? D'ailleurs, l'intérêt bien entendu ne suffira jamais à produire des sentiments héroïques. Il pourra y avoir, parmi les hommes d'une haute instruction et d'une haute valeur morale, s'il y a des athées parmi eux, de braves soldats sous l'influence de l'amour-propre ou de l'esprit de corps ; mais il n'y aura pas d'armées animées du dévouement patriotique. Il n'y aura pas de Sœurs de charité. Le sacrifice de soi-même à l'utilité générale, qui est ce qu'il y a de plus noble et de plus beau en ce monde, et que tous les peuples ont célébré, le christianisme l'a élevé à la hauteur d'un dogme. Mais, en dehors des conceptions religieuses, le sacrifice, aux yeux des masses, est simplement absurde. Où est sa raison d'être, si nous mourons avec nos corps, s'il n'y a pas une autre vie et des récompenses en perspective? Le brin d'herbe ne se sacrifie pas pour le brin d'herbe; la notion du sacrifice est le plus noble indice de notre élévation morale dans l'ordonnance de la création. Les croyances religieuses sont le grand mobile du monde, le rouage principal dont tous les autres subissent l'influence. Il y a chez nous une aspiration invincible à l'idéal. Nous en avons à la fois une soif ardente et une fatigue facile. Mais ce sentiment est inextinguible, et c'est aux époques les plus sceptiques et les plus corrompues, qu'on voit se redresser avec le plus de vigueur vers lui tous les ressorts de l'âme d'une nation.

— Pour arriver à une conclusion pratique, dis-je alors, il me semble que la question à l'époque présente est celle-ci : en admettant que la religion ne soit pas à la hauteur de certain progrès intellectuel, aux yeux de ceux qui veulent tout mettre à une sauce progressive ; en admettant qu'elle dût devenir plus philosophique, afin de pouvoir donner la main à la philosophie devenue à son tour plus religieuse, personne du moins ne conteste sa nécessité pour la masse immense, incapable de percevoir les beautés de la philosophie pure. Or, comme il est évident que cette inégalité des intelligences n'est pas près de finir et qu'il arrivera toujours que ce qui pourrait suffire aux uns sera insuffisant pour les autres, ne pensez-vous pas que les hommes intelligents, qui se disent libre-penseurs ou athées, se montreraient encore plus intelligents sans cesser d'être libre-penseurs, s'ils savaient se rendre compte de la marche inégale des esprits et des nécessités qu'elle impose, et si, parvenus à ces sommets où l'homme peut se passer de religion, ils ne voulaient pas imposer leur manière de voir à la foule des écloppés intellectuels, qui ne se trouvent pas dans les mêmes conditions? Beaucoup de gens oublient trop qu'en fait de croyances religieuses, comme en fait d'opinions politiques, il n'y a pas de règle absolue et que ce qui convient à Pierre est funeste à Paul. Mais comme l'état social tient fatalement unis une foule d'éléments disparates, la raison, selon moi, fait un devoir aux plus intelligents de s'incliner devant les besoins de la foule ignorante. Je conclus que ceux qui cherchent à détruire dans le peuple le frein puissant des croyances religieuses, ne font preuve ni de jugement, ni d'équité.

Miss Diana n'avait pas cessé, pendant cette longue discussion, de crayonner comme d'habitude dans son album. Elle le ferma à la fin, avec un léger mouvement d'impatience, dépitée sans doute de n'avoir pu trouver le dessin entrevu.

Questionnée à ce sujet, elle répondit :

— Je cherchais s'il était possible de faire un paysage où le ciel ne figurât pas, et j'ai reconnu que ce serait tuer l'art lui-même. Or, le ciel joue, vis-à-vis de l'âme humaine, le même rôle que dans la peinture. C'est la perspective nécessaire sans laquelle tout est étouffé, triste et noir. Otez le ciel aux hommes, vous faites pour eux de la terre la plus sombre, la plus odieuse des énigmes. Pour nous, femmes, la religion est quelque chose de beaucoup plus simple que vos considérations métaphysiques. Elle sort du cœur comme la flamme jaillit du silex, au moindre choc de la destinée. Un enfant est gravement malade : à qui s'adressent les supplications de sa mère ? Il meurt : la foi à l'autre vie adoucit les regrets et élève l'âme. Pour supprimer la religion, il faudrait commencer par supprimer la maladie et la mort.

XVIII

LA DERNIÈRE SOIRÉE AU PILAT

Le diner d'adieu. — Une histoire de Riffardou. — Pourquoi les écrevisses ont les os en dehors et les hommes en dedans. — *In vino veritas.* — Le siècle des blagueurs. — Péroraison ronflante d'un discours électoral. — Où Chabourdin se déboutonne. — Comment il avait trouvé le moyen de se moquer de tout le monde et de lui-même. — Un départ avant l'aube. — La fin du roman.

Cependant l'heure du dîner était arrivée. Sachant que nous devions partir le lendemain, le fermier avait tenu à nous traiter de son mieux et ce fut, cette fois, un vrai festin.

Qu'on en juge plutôt :
    Des écrevisses,
    Des morilles,
    Des poulets,
    Une omelette,
    Une salade ;
Et pour dessert :

Du fromage frais, des airelles et des framboises.

Comme vin, un délicieux clairet de Condrieu, accompagné d'une bouteille de vieux Cornas, si bon, qu'il passe habituellement dans le commerce pour Ermitage, bouteille que le fermier alla sortir, non sans quelque solennité, du fond d'un placard.

Le repas fut des plus gais. Le commis-voyageur avait repris son entrain du premier jour et conta des histoires amusantes, auxquelles le chasseur répondit par des aventures de chasse, toutes plus ou moins incroyables, comme il convient à des récits de ce genre. Il semblait que chacun de nous eût comme un remords des conversations trop sérieuses de la journée et voulût prendre sa revanche. Lord Socrate lui-même oublia parfois sa gravité britannique, tandis que miss Diana éclatait d'un rire argentin à certains traits de mœurs locales, notamment quand le chasseur, passant en revue les types de la contrée, raconta les histoires de Riffardou, un curé très respectable, mais très original, du Bas-Vivarais, qu'il avait eu souvent l'occasion de voir dans ses chasses sur la montagne du Tanargue. Voici un des traits de la vie de ce digne prêtre :

Un couple de ses paroissiens dont il avait béni l'union quelque temps auparavant, vint un jour le trouver et lui dit : Décidément, M. le curé, nous ne pouvons plus vivre ensemble ; est-ce qu'il n'y aurait pas un moyen de nous *démarier?* — Il y en a bien un, répondit Riffardou, mais il est un peu dur. — N'importe, firent-ils, nous supporterons tout et nous paierons ce qu'il faudra pour sortir d'embarras.

Le curé, après une remontrance inutile pour les faire renoncer à leur projet, les fit entrer dans la sacristie, revêtit son surplis, ouvrit un missel et, après s'être muni d'un fort gourdin, fit placer à genoux devant lui les époux mal assortis. Il se mit ensuite, tout en récitant ses prières, à asséner par intervalle à chacun d'eux alternativement de vigoureux coups de bâton. Ceux-ci supportèrent la chose pendant quelque temps ; mais voyant que les coups redoublaient d'intensité, ils demandèrent si la cérémonie serait bien longue.

— Ah ! dit le curé, il faut que l'un ou l'autre y passe : le survivant sera libre. Il n'y a pas d'autre moyen. — Oh ! s'il en est ainsi, répondirent-ils en chœur, nous aimons encore mieux supporter la vie commune. Ils s'en allèrent et l'on assure qu'ils vécurent désormais en parfait accord.

Quand on apporta les écrevisses, l'Anglais dit à Chabourdin :

— Avez-vous réfléchi quelquefois, monsieur, à cette importante question : Pourquoi les écrevisses, comme les huîtres, ont-elles les os en dehors, tandis que les hommes les ont en dedans?

— Non. Quand je me trouve en face des huîtres, je me contente de les avaler avec accompagnement de citron et de bon vin blanc sec, comme en débite la maison que j'ai l'honneur de représenter, et, la sauce à part, j'en agis de même avec les écrevisses.

— C'est là, assurément, M. Chabourdin, une façon très spirituelle et très délicate de résoudre la question, et je n'insisterai pas sur la relation qui existe entre la destinée de chaque être et la nature des moyens de défense dont Dieu l'a pourvu.

— Cinquante centimes! cria le commis-voyageur en riant le premier de cette réminiscence de Rabagas.

Tout le monde fut un peu étonné de cette exclamation et du ton qu'y mit notre gai compagnon; car il y avait évidemment une nuance de moquerie pour les dieux dont il avait été jusque-là le fidèle adorateur. D'autres circonstances me revinrent à l'esprit et je me demandai si cet homme était bien le vulgaire imbécile que nous avions cru et s'il ne s'était pas joué de notre bonhomie à tous.

Le chasseur, atteint du même soupçon, et persuadé de l'exactitude du vieux proverbe: *In vino veritas*, semblait prendre à tâche de tenir plein le verre de Chabourdin, en même temps qu'il cherchait à flatter son amour-propre pour l'exciter à parler.

Cette manœuvre eut un succès complet. La gaîté de Chabourdin monta bientôt au degré qui s'appelle avoir une pointe.

Il bavarda à perte de vue et peu à peu, secouant toute honte, comprenant d'ailleurs qu'il pouvait se manifester avec nous en toute sûreté, il finit par nous livrer le secret de ses pensées et le mobile dominant de sa conduite.

— Voulez-vous que je vous dise ? s'écria-t-il d'un air moqueur et quasi triomphant. Eh bien ! vous êtes tous des innocents. Vous croyez que c'est arrivé. Vous avez fait, en invoquant la raison et le bon sens, de très jolies conférences sur la politique et sur la religion, sans compter la botanique. C'est le vieux jeu. Soyons de notre temps. Proudhon a dit le mot : Nous sommes au siècle des *blagueurs* : rendons-leur la monnaie de leur pièce !

Cette sortie inattendue redoubla l'étonnement de l'Anglais et de sa fille qui, d'ailleurs, ne firent aucune réflexion, se demandant où le commis-voyageur voulait en venir.

Le chasseur, pour encourager Chabourdin, lui fit des compliments dont celui-ci ne comprit pas la discrète ironie, sur sa haute perspicacité, sur sa franchise et son caractère pratique. J'étais bien sûr, dit-il, que notre aimable compagnon de voyage cachait son jeu quand il avait l'air d'accepter pour argent comptant les imbécillités de notre temps. Sans suspecter le moins du monde ses convictions républicaines, je suis sûr qu'il juge comme nous au fond les polichinelles du grand Guignol politique et que, s'il a paru les défendre, c'était pour nous fournir l'occasion de les fustiger un peu plus fort.

— Oh! oh! dit Chabourdin, vous êtes un fameux sorcier, vous ! Il est certain qu'il y a de quoi pouffer de rire, puisqu'il ne servirait de rien de faire autrement, à voir comment le premier venu peut se moquer du peuple souverain. Le *peuple!* la *liberté!* le *progrès!* Que de choses on peut faire avec ces mots prononcés d'une certaine façon ! Ce sont les plus jolies bricoles que je connaisse, des plats irrésistibles auprès du public des clubs ou des Chambres, quand ils sont bien assaisonnés. Dans les réunions électorales de...., vers 1850, j'ai connu un candidat qui fut élu — comment aurait-il pu en être autrement? — lequel terminait toutes ses harangues par cette ronflante péroraison : « ... Et si la République était menacée, si un tyran quelconque menaçait de remettre le peuple sous le joug, je monterais sur la monta-

gne sainte et je sonnerais le tocsin de la liberté ! »
Très brave homme d'ailleurs, ce candidat, et incapable de tuer une mouche !

J'ai entendu cette belle finale sortir au moins dix fois de sa bouche dans des villes différentes, et elle avait toujours un succès prodigieux : on battait des mains à se les rompre, on se tortillait d'enthousiasme, on hurlait, on cassait les bancs, et moi qui vous parle, pardonnez aux péchés de jeunesse, j'ai été un auditeur aussi fou que les autres; j'avais même inscrit le procédé sur mon carnet, afin de l'employer pour mon compte le jour où il me prendrait la fantaisie d'aller représenter mon district dans les conseils de la nation. Heureusement ces rêves d'ambition juvénile n'ont guère duré, et quand je considère ce qui se passe, je bénis le sort qui m'a fait courtier en vins, plutôt qu'homme politique.

— Bravo ! fit le chasseur.

— Oh ! monsieur Chabourdin, dit l'Anglais, comme vous êtes devenu subitement observateur sagace et politique raisonnable !

A ces paroles, le commis-voyageur parut se raviser. Il me fit l'effet d'un homme qui a commencé à se déboutonner et qui s'empresse de refermer son habit.

— Malgré tout, dit-il, vive la République ! C'est le régime le plus juste et le plus honorable pour un pays, et si ses partisans ne sont pas sans péché, si beaucoup d'abus sont commis en son nom, le fait qu'elle n'en est pas ébranlée montre sa force et sa vitalité. Mais, avant peu, elle étonnera le monde par sa sagesse.

— *Amen !* fîmes-nous tous en chœur.

Chabourdin repoussa les airelles avec mépris, disant qu'elles n'étaient bonnes qu'à colorer le vin des maisons rivales de la sienne. Il avoua que les framboises avaient du bon, mais déclara que Dieu..... que la Nature, ajouta-t-il en se reprenant, avait créé le fromage pour faire apprécier le bon vin.

L'abbé, l'Anglais et sa fille considéraient avec curiosité, et non sans inquiétude, l'animation croissante du personnage. Peu après, redoutant quelque écart extraordinaire, ils prirent congé de la compagnie pour se retirer chacun dans sa chambre.

Je restai seul à table avec Chabourdin et le chasseur, résolu à avoir le cœur net des soupçons qui m'étaient venus et de tirer au clair l'énigme vivante que je promenais depuis trois jours.

Les gens de la Grange, voyant que la soirée menaçait de durer outre mesure, étaient allés se coucher en nous laissant des bougies pour regagner nos chambres.

Quand Chabourdin vit que nous étions seuls, il alla fermer la porte, revint, la figure enluminée, se rasseoir en face de nous, remplit trois petits verres de vieux Cornas et :

— A votre santé ! cria-t-il en choquant les verres.

Et là-dessus, il partit d'un éclat de rire si bruyant et si prolongé que nous nous demandâmes un instant s'il n'était pas devenu fou.

— Ah ! ah ! dit-il enfin en s'adressant à moi, je vais vous forcer d'avouer que vous êtes encore plus naïf que moi.

— Comment cela, cher monsieur, répondis-je un peu décontenancé.

— Est-il vrai, oui ou non, que depuis notre rencontre, vous me prenez pour un farouche républicain, un gambettiste à outrance, un chanteur de *Marseillaise*, enfin pour un homme ne croyant ni à Dieu ni au diable ?

— N'est-ce pas sous cet aspect que vous vous êtes constamment montré depuis le jour où j'ai eu le plaisir de vous rencontrer ?

— Sans doute ; mais regardez-moi bien entre les deux yeux, et dites-moi si vous me croyez toujours aussi bête ?

Il avait un air si gouailleur que je fus effrayé de ce passage d'une extrémité à l'autre, et je ne pus que lui dire :

— Oh ! quel merveilleux traître de tragédie, ou plutôt quel puissant diplomate, vous feriez, M. Chabourdin !

— Voyons, continua-t-il, vous êtes de braves gens, et je sens que je puis parler avec vous en toute confiance. D'ailleurs, nous sommes au sommet du Pilat, autant en emporte le vent ; l'occasion de se dégonfler se présente et j'en profite.

Vous m'avez donc jugé, messieurs, assez niais pour prendre au sérieux les balourdises du jour et les saltimbanques qui les débitent ! J'aime Léon, sans doute, puisqu'il s'est fait le patron des commis-voyageurs, mais sans que cet amour aille jusqu'à l'aveuglement. Le plus fort de mon estime vient précisément de ce que je le crois au fond assez sceptique et se moquant terriblement sous cape des folies de la foule, tout en tâchant d'en tirer la meilleure mouture. Est-ce que vous croyez que je ne sais pas lire dans la pensée de tous ces grands chercheurs de popularité et que je ne démêle pas les visées particulières que recouvrent les belles phrases et les grands principes ? Est-ce que les quatre-vingt-dix-neuf centièmes des hommes de parti, quelle que soit la nuance, ont un autre mobile au fond que leur propre intérêt ? A vingt ans, je pouvais me laisser prendre à ces ficelles. Mais à quarante, quand on a vu...

tout ce qu'on a vu, ça ne mord plus, et, pas de ça Lisette ! Cherchez vos dupes ailleurs !

J'en croyais à peine mes oreilles et je me demandai un moment si Chabourdin parlait sérieusement, ou bien s'il jouait devant nous une comédie nouvelle. Mais l'état de... gaîté où il était ne permettait pas de mettre cette fois en doute sa sincérité.

— En vérité, M. Chabourdin, lui dis-je, vous êtes d'une espèce rare, puisque, au contraire de tant d'autres qui parlent bien et agissent mal, vous êtes sage dans vos actes et léger seulement dans vos paroles. Mais, dites-moi, pourquoi vous nuire gratuitement dans l'estime des gens sensés en vous laissant supposer des idées fausses que vous n'avez pas ? Pourquoi ...?

— Pourquoi ? interrompit Chabourdin ; je suis trop en veine de franchise pour ne pas vous le dire. Parce que les gens sensés sont l'exception et n'ont pas, de notre temps, l'influence des autres. Parce que l'immense majorité se compose de niais. Or, de même qu'il ne faut jamais vouloir être plus royaliste que le roi, un bon commis-voyageur doit se garder d'être plus raisonnable que ses clients ou le public de ses clients ; car c'est là ce qu'on pardonne le moins. Il faut donc hurler avec la foule, surtout dans le Midi, quitte à en rire dans son for intérieur ou au sommet du

Pilat. Pourquoi vous cacherai-je que les laïcisations, les enterrements civils et autres balançoires de la nouvelle Loi n'ont pas plus mon admiration que la vôtre ? Seulement je ne prends pas, comme vous, au tragique ces folichonneries de nos concitoyens ; notre peuple est encore jeune, et il faut que folie se passe. Il est écrit sans doute là-haut que les sujets ne doivent jamais manquer à la vieille gaîté française. Je me tords quelquefois intérieurement et, voyez comme je suis drôlement fait, c'est alors que je dis moi-même les plus fortes. Je me dédouble en quelque sorte, mon *moi* physique radicalisant à perte de vue, tandis que mon *moi* moral rit à se crever le ventre. Et de qui, direz-vous? De tout le monde, parbleu : des républicains qui me croient des leurs, des autres qui n'ont pas l'esprit de me comprendre et enfin de moi-même.

— Vous êtes terrible, M. Chabourdin ; mais quelles sont donc au juste vos opinions politiques?

— Mes opinions, monsieur, j'en ai plus que vous, puisque j'en ai de deux espèces : celles du dehors et celles du dedans. Les premières... ce sont celles de mes clients. Connaissez-vous un système plus simple et plus sûr?

— Et les autres ?

— Les autres? Vous voulez le savoir ? Eh bien ! foi de Chabourdin, le Chabourdin parleur franc de la Grange de Pilat, je ne suis pas bien sûr d'en avoir aucune, tellement je trouve qu'il y a à dire, à redire et à médire sur chacune de celles que l'on connaît. Et puis, c'est bien fatigant de se faire une opinion... parfaitement solide. D'ailleurs, à quoi servirait-elle, puisque je suis résolu à ne pas l'exposer aux orages du dehors? En pratique, je suis comme le bon Dieu de M. l'abbé : j'aime mieux un conservateur honnête qu'un républicain malhonnête, et réciproquement. Mais je ne me crois pas obligé de prêcher sur les toits rien qui puisse m'attirer des désagréments.

— Vous êtes la prudence même, M. Chabourdin. Faut-il conclure de vos paroles que votre athéisme n'est pas plus vrai que votre radicalisme? Lorsque vous disiez qu'il n'y a pas de Dieu et que vous divinisiez si complaisamment à sa place la nature, vous vous moquiez agréablement sans doute de vos trop crédules interlocuteurs.

— Ecoutez, me dit Chabourdin, je vous répondrai cette fois ce que vous m'avez dit à moi-même : c'est une trop grosse question pour la résoudre au pied levé, et nous la laisserons à de plus forts que nous. J'y ai pensé plus souvent que vous ne le croyez peut-être, et c'est pour m'instruire autant que pour vous contrarier, car l'opposition est le premier devoir de tout bon Français, que j'ai provoqué les conférences que vous faites si bien, vous, milord et M. l'abbé, sur la religion et le culte. Si je ne suis pas un croyant parfait, je suis loin d'être aussi ce qu'on appelle un athée. Je me console de mon ignorance en songeant que les plus forts n'en savent pas plus que moi. Je trouve puéril, chez Léon, de rester à la porte des églises quand il va à l'enterrement d'un ami. Je ne me pique pas de savoir comment Dieu est fait, ni de savoir d'une façon bien précise ce qu'il nous commande et ce qu'il nous défend ; mais ce que je sais bien, c'est que les enfants élevés en dehors des principes religieux ne valent pas le diable. Je sais aussi que dans toute baraque, les grandes comme les petites, il faut un maître pour gouverner. C'est pourquoi il y a évidemment un Dieu, bien qu'il sommeille en ce moment. Et je pense qu'à son réveil il ne trouvera pas mauvais que Chabourdin n'ait pas voulu être plus bête que les autres ; que vivant au milieu de prétendus athées ou matérialistes, il n'ait pas voulu s'exposer à des mésaventures en faisant bande à part dans le troupeau. Et voilà ! Etes-vous content de ma franchise ?

— De votre franchise, oui. Mais ce n'est pas assez. Et je me demande à quoi sert que Dieu vous ait donné plus d'intelligence qu'aux autres, si c'est pour ne pas vous en servir, si c'est enfin pour parler, sauf à la Grange du Pilat, absolument comme cette tourbe dont vous reconnaissez si bien vous-même l'imbécillité ? Il y a quelque chose de mieux que de hurler avec les loups, c'est de ne pas baisser pavillon devant eux, dût-on être mangé par eux.

— Oh ! oh ! voilà que nous ne sommes plus d'accord. Je n'ai pas la vocation de martyr, moi. J'aime mieux dire des bêtises au loup que de me laisser manger par lui. Toutes les opinions sont libres... Eh bien ! voilà la mienne !

Suivant un autre ordre d'idées, l'ivrogne se mit à plaisanter le chasseur sur ses attentions pour miss Diana : Je vous soupçonne fort, dit-il, de m'avoir poussé dans les vignes du Seigneur pour me nuire auprès de la belle. Et après ? C'est une demoiselle vouée aux idées bleues, qui n'est pas plus pour vous que pour moi, et qui, malgré cela, j'en suis sûr, car on peut être prude et coquette, n'était pas fâchée de voir deux adorateurs discrets, amoureux d'un jour, se disputer tacitement ses préférences. Bonne chance, voisin !

Et ricanant de son plus gros rire, le commis-voyageur nous souhaita le bonsoir et se retira dans sa chambre, laissant le chasseur assez déconcerté du coup de boutoir de la fin.

Le lendemain, à mon réveil, j'appris que Chabourdin était parti avec un guide de très grand matin. Le chasseur, le seul d'entre nous qui l'eût vu à son départ, nous dit que cet excellent garçon l'avait chargé de nous faire ses adieux et de présenter particulièrement ses excuses à l'abbé, à miss Diana et à son père. Il était quelque peu honteux de son intempérance de la veille et paraissait surtout craindre qu'il n'en revînt quelque bruit à son patron ou à ses clients ; mais le chasseur l'avait pleinement rassuré à cet égard.

Nous racontâmes à l'abbé et à l'Anglais ses propos de la veille, moins la sortie finale, bien entendu. L'abbé n'en fut que médiocrement étonné. Mais lord Socrate et sa fille n'en revenaient pas.

— Oh ! les hommes sans caractère ! dit miss Diana. Est-ce qu'il y en a beaucoup comme cela en France ?

Personne de nous n'osa répondre, l'abbé par charité, moi par amour-propre national et le chasseur... probablement parce qu'il pensait à autre chose.

Notre Nemrod sifflait un air et il me sembla qu'il était ému en regardant la jeune fille. Puis, comme prenant une résolution, il fit assez brusquement ses adieux à tout le monde, appela Vesta et s'éloigna à grands pas dans la direction des bois de Doizieu.

Je partis le même jour avec l'abbé pour le Bessat, où je voulais revoir l'enfant malade du croup, mais le pauvre petit était mort la veille. Les plus malheureux ne sont pas ceux qui s'en vont, pensais-je en voyant la douleur de la mère. L'abbé me quitta en cet endroit pour descendre à Saint-Chamond, tandis que j'allais au Grand-Bois rejoindre la diligence d'Annonay.

Nous avions laissé lord Socrate et miss Diana à la Grange. Il paraît qu'ils y restèrent encore quelques jours, d'après ce que m'a dit le chasseur que j'ai rencontré l'été dernier au Mont-Dore. Depuis, je n'ai plus entendu parler d'eux ni de Chabourdin. Ainsi va le monde !

—(FIN)—

RECTIFICATIONS

Pages 39 et 40 : Le Lignon, qui vient de l'Ardéche, passe au nord d'Issingeaux et se jette dans la Loire au sud de Monistrol, n'est pas celui de l'*Astrée*. Celui-ci descend de Chalmazel, passe au-dessous de Couzan et à Boën et se jette dans la Loire, presque en face de Feurs. On lit, en effet, à la première page de l'*Astrée* que le Lignon « va serpentant par cette plaine depuis les hautes montagnes de Cervières et de Chalmazel, jusques à Feurs, où Loire le recevant et lui faisant perdre son nom propre, l'emporte par tribut à l'Océan..... » La confusion que nous avons faite, après tant d'autres, entre les deux cours d'eau, est due au passage que nous avons cité de Jean-Jacques Rousseau. Mais elle a été relevée, depuis assez longtemps déjà, par Auguste Bernard, dans un article intitulé : *Le faux Lignon* (*Revue du Lyonnais* 1855), et nous remercions M. Vachez, le directeur actuel de la *Revue*, de nous avoir signalé cette erreur.

Page 146 : L'aqueduc Marcia à Rome avait une longueur de 91 kilomètres et non de 33. (Voir *Revue du Lyonnais*, avril 1890.)

Page 276 : Première ligne, lire *fraicheur* au lieu de *chaleur*.

Page 277 : Huitième ligne, lire de *l'infinité des mondes et de l'infini de l'espace*.

TABLE DES MATIÈRES

                                                            Pages

I

DE PARIS A SAINT-ÉTIENNE-EN-FOREZ   1

Comment on entre en Vivarais par les fenêtres. — Un Anglais et sa fille. — Les écrivains du mont Pilat. — Affamés de soleil et d'air pur. — Les opinions politiques et religieuses d'un commis-voyageur.

II

DANS LE BROUILLARD.   14

Une excursion matinale à la porte d'un cimetière. — Où Chabourdin prétend que le bon Dieu a été inventé par les prêtres. — Une évocation suivie d'effet. — Petite digression sur le progrès. — Un point d'interrogation.

III

SAINT-ÉTIENNE ET LE FOREZ 24

La ville de Saint-Etienne. — Ses industries. — La houille et l'électricité. — Les Gagas. — Le petit bon Dieu des Béguins. — Le Jarez et ses anciens seigneurs. — La surprise de Saint-Etienne par les protestants d'Annonay en 1562. — L'amiral Coligny à Saint-Etienne et le combat du Bessat. — L'ancienne supériorité commerciale d'Annonay sur Saint-Etienne. — Jean-Baptiste Johannot.

IV

LE DÉJEUNER A L'HÔTEL DES ARTS. 48

Un mystère dans une assiette. — Une expression naturaliste à propos du Vésuve. — La partie projetée au mont Pilat. — L'album de miss Diana. — Chabourdin promet d'être sage.

V

ROCHETAILLÉE ET LES BARRAGES DU PILAT . . . 56

Les routes du Pilat. — La vallée du Furens. — Le barrage de Rochetaillée. — Une lettre de Napoléon III en 1856. — L'hirondelle de rocher. — Le château de Rochetaillée. — Un guerrier amoureux. — Pourquoi le nuage monte et l'eau descend. — La nature et le bon Dieu.

VI

LE ROI DE PILAT ET LES POMMES DE TERRE . . .   72

Grâce pour les alouettes! — Le chasseur de.... renards. — La pomme de terre, ses origines. — La pomme de terre, marchandise courante sur le marché d'Annonay au XVII° siècle. — Les disettes supprimées par la pomme de terre et le libre-échange. — Un nouveau dessin de miss Diana.

VII

AU BESSAT   90

Les muletiers. — Le déjeûner à l'auberge. — Les œufs et les pommes de terre. — A quoi on reconnaît un vrai rationaliste. — Un enfant atteint du croup. — Chabourdin se plaint du bon Dieu et veut changer le monde. — Comme quoi le monde ne se comprend pas sans la maladie et la mort. — Utilité de la maladie.

VIII

LA GRANGE DE PILAT.   102

Auberge et ferme de montagne. — La cloche des égarés. — Jean-Jacques Rousseau à la Jasserie en 1769. — Claret de la Tourette. — Où l'on voit que Chabourdin se faisait une idée fort inexacte des opinions de Voltaire et de Rousseau. — La chienne du chasseur.

IX

UNE MATINÉE SUR LE CRÊT DE LA PERDRIX. . . 113

La chasse au renard. — Les *chirats*. — Géologie du Pilat. Les soulèvements insensibles de la terre. — Le lever du soleil. — Idée générale du Pilat. — Ses rivières. — Le patois local. — Le canton de Bourg-Argental.

X

LA SOURCE DU GIER 134

Le puits mystérieux. — La légende de Pilate. — Le Saut du Gier. — Température des sources. — L'origine des eaux minérales. — Causes de leur succès. — Etymologie de Pilat

XI

LA MÉDECINE DU BON AIR. 144

Le Gier. — L'aqueduc romain du Pilat. — Le système métrique il y a dix-huit siècles. — L'or des rivières. — Les inondations et le reboisement des montagnes. — Le *Sanatorium* du Pilat. — La malpropreté des paysans. — Le fermier de la Grange. — L'utilité des puces.

XII

LES SOUVENIRS D'UNE ANCIENNE EXCURSION. . . 159

De Serrières à Saint-Chamond. — Les Lavieu et les Saint-Priest. — L'industrie de la soie à Saint-Chamond. — La Valla et ses anciens seigneurs. — Les Frères de Marie et les Frères de Viviers. — M. Vernet. — Le Dorley et Doizieu. — Le palais des Fées au Breuil. — Rive-de-Gier et les anciennes verreries. — Le canal de Givors. — Le maréchal Suchet. — La chartreuse de Sainte-Croix. — L'abbé Jacques.

XIII

LA FLORE DU PILAT 176

Comment il faut enseigner la botanique. — Le grand défilé floral des montagnes. — Le calendrier républicain. — Les herborisations de Claret de la Tourette. —Une famille de savants. — Quelques Flores de la région. — Travaux botaniques sur l'Ardèche. — Le docteur Perroud. — Les herbes des pariries. — L'airelle myrtille et ses usages. — Le myosotis. — La ronde des fleurs.

XIV

LES BÊTES DU PILAT 208

Une couvée de perdrix. — Le loup. — Poules et dindons. — Le renard et autres pirates à queue touffue. — Le *struggle for life* chez les hommes et chez les bêtes. — L'hermine et le lièvre blanc. —Les écureuils. — Les oiseaux et les insectes du Pilat. — Les empoisonneurs de rivières et la coupable indulgence des tribunaux.

XV

SUR LES CÎMES 221

La Divinité sur les hauteurs. — L'ermitage de la Madeleine et le P. Jean Bruzeau. — La chapelle de Saint-Sabin. — L'alchémille des Alpes. — Les rebouteurs. — La médecine et les miracles. — Une nouvelle étymologie du Pilat. — L'homme primitif de la grange de Bote. — Les Trois-Dents. — L'Aillon. — Pélussin et Virieu. — Les origines de la filature et du moulinage de la soie en Forez et en Vivarais. — Les Sarrasins premiers mineurs de nos contrées. — La vallée de Malleval. — Les routes du Pilat. — Condrieu.

XVI

DIGRESSION POLITIQUE ET ÉCONOMIQUE. 246

Les crises industrielles et commerciales. — Une conversation avec M. Ducarre. — Les rapports de l'ouvrier et du patron. — La destinée humaine. — La France et l'Angleterre. — Comment il faut être républicain. — Le clergé et le régime actuel. — Le meuble le plus nécessaire dans les Assemblées françaises.—Les constitutions politiques et les mœurs.—*God save the Queen!*

XVII

LA PHILOSOPHIE DE LA RELIGION. 270

Un orage. — Les semences des plantes. — Le corps humain et ses organes.— Les industries des animaux. — Les mystères de l'espace. — Le dieu inconnu. — L'origine des religions. — La philosophie du peuple. — La liberté humaine. — Le péché originel. — Solidarité des générations humaines. — La messe. — Ça y est. — Les cérémonies du culte. — Maximes et bijoux antiques. — Le besoin de diviniser. — Histoire des pensées de l'abbé. — Le sacrifice. — La conclusion de miss Diana.

XVIII

LA DERNIÈRE SOIRÉE AU PILAT. 304

Le dîner d'adieu. — Une histoire de Riffardou. — Pourquoi les écrevisses ont les os en dehors et les hommes en dedans. — *In vino veritas.* — Le siècle des blagueurs. — Péroraison ronflante d'un discours électoral. — Où Chabourdin se déboutonne. — Comment il avait trouvé le moyen de se moquer de tout le monde et de lui-même. — Un départ avant l'aube. — La fin du roman.

Lyon. — Imp. et Lith. du *Salut Public*, rue de République, 33.

www.ingramcontent.com/pod-product-compliance
Lightning Source LLC
Chambersburg PA
CBHW060358170426
43199CB00013B/1910